樂齡 居家安老

衣食住行生活護理錦囊

陳炳麟 著

萬里機構

推薦序一

認識陳炳麟大概是 2002 年的事，當時我在社會福利署服務。有一天，署長給我一個同工的電話，請我聯絡跟進。事緣她參觀書展時，這位同工主動上前自我介紹，向她提出一些服務的意見。

我致電陳炳麟時，得悉他患上癌症並正在放長期病假，心想這同工對工作真熱心，患病也不忘工作。

陳炳麟就是這樣的一個人：對生命及工作充滿理想活力，有團永不熄滅的火，擇善固執，不怕困難，不怕麻煩，不會輕易放棄，且面皮厚，死纏爛打。他又懂得善用人脈網絡、公關技巧去擴大對社會的影響，但不會強人所難。

他一向致力長者服務，在職時是聖雅各福群會企業拓展的先驅，做事很貼地上心，諗頭多多。前綫遇到解決不了的問題，他都想盡辦法。他特別關注一些政府及機構沒有資助的服務計劃，經常透過自募經費、物資和義工去開拓各項創新的服務計劃，包括長者刊物《松柏之聲》、社區藥房、平安鐘、食物銀行、長者家居維修、電器送贈、理髮、攝影、生死殯葬教育及服務等，部分這些服務後來也納入政府常設或政府基金支持的項目。

在這裏必須特別一提他創辦兩項服務的成果：

　　（一）《松柏之聲》——他將一份原本由中學生主理的長者刊物，轉化成一份內容充實、專業化的資訊讀物，經費源自大部分長者的捐款，每期內容由不同專業人士義務撰稿。刊物其後更進展成為首份供全球各地華人閱讀的長者刊物，也被國內媒體評為「最受歡迎的八大長者刊物」之一。1997 年 1 月起，更設有網上媒體 www.thevoice.org.hk，成為首份有其網址的長者刊物。

　　（二）社區藥房——他於 2008 年開辦首間由藥劑師主理的非資助、非牟利社區藥房。兩年後更開辦第二間，售賣低於市價之處方藥物，及設有贈藥服務，以減輕長期病患者的經濟負擔。此外，藥房更為病人提供藥物教育及輔導服務。

　　2012 年退休後，他自發服務長者、基層、弱勢社群，以個人名義組織不同行業的義工隊，在遺體捐贈、長者家居滅蟲滅蝨、藥物環保回收等不同領域上作出貢獻。最近新冠肺炎疫情期間，他又拍太極教學短片，讓長者可留在家中學習。此外，他不時邀請相關的專業人士，在本港及國內媒體設專欄，介紹不同專題作為社區教育；又提供不同題材予各大傳媒，期望他們作出採訪報道，讓更多正能量於社會流傳。

個人方面，他對生命的熱愛與對工作的熱誠一樣。他電療後出現後遺症，說話不清、聽力衰退、吞嚥困難，但仍積極面對，堅持做運動，勇氣毅力絕非一般人能做到。

　　他服務的熱誠及貢獻也獲得政府的認同，2012 年獲頒行政長官社區服務獎狀。

　　退休後，他將三十多年安老服務經驗心得，撰寫了兩本書。其中《居家護老心得》以直接簡單易明的手法，配以實際的例子，讓讀者對長者的日常安居、疾病治療、運動及心理調適等各方面，有深入的了解和認識。

　　這書很受歡迎，銷量理想。最近應出版社的要求，重新整理，加上新課題，包括家居安老或院舍安老的取捨、大灣區安老計劃、太極養生操、長者服藥的謬誤、利用電話安居護老，生活管家／代理人服務等，都是十分配合最新社情的熱門課題，並邀請仍在業的朋友撰寫，務求讀者能掌握最新資料。新版定名為《樂齡居家安老──衣食住行生活護理錦囊》，相信這些錦囊，定能為讀者及家人作出更好的裝備，締造一個健康及愉快的晚年生活。

馮伯欣

社會福利署前副署長

4

推薦序二

　　首先感謝陳炳麟先先邀請，為他的書《樂齡居家安老 —— 衣食住行生活護理錦囊》寫推薦序，過程中我受益良多。陳先生說：「凡事是給有準備的人。」這句話很對，因為人生是一個心靈的昇華過程，通過生老病死不同階段，去面對日常生活的柴米油鹽醬醋茶，體驗生活。

　　健康與否和生活習慣有很大關係，日常生活中的衣食住行，修心養性是否正確，對不同人生階段，特別晚年生活非常重要。道家說以假修真，用身體來修道，所以保養好身體非常重要。

　　陳炳麟先生非常熱心公益，退而不休，把工作經驗及人脈網絡充份發揮在他的人生理想中，並且帶動身邊朋友去追求健康身心的生活，達到自我成長及成就身邊人。

　　祝願陳先生及大家健康、平安、喜悅！

張江亭

中國文化基金會
常務副主席

　　此書非常寶貴，原因是在當前人口老化，如何令晚年生活過得愜意？社會經濟衰退情況下，大家均集體抑鬱。此書出版正迎合時勢之需，可幫助大家更加正面，將長者生活及健康，去自助提昇至退休高峰。我建議大家參閱此書，一起閱讀、一起做書中所述的生活提議，知行合一、自身力行，締造更臻理想的人生。

陳麗雲教授

香港大學
社會工作及社會行政學系
講座教授

初入行做記者時已認識陳炳麟，那時不少行家都被他的熱誠打動，為他任總編輯的長者刊物《松柏之聲》義務供稿。

他對生命總是有一股動力，感染身邊的人，將不可能變為可能，多年來致力長者服務，引進了不少創新思維及開拓新服務，令長者受惠。

退休後的陳炳麟，心中仍是有一團火，以義工身份繼續服務弱勢社群及基層，可能比之前更繁忙。幾年前他出版了《居家護老心得》，集合他多年有關的經驗及心得而成書，是護老者的必備參考書籍，坊間反應良好。

如今再版成《樂齡居家安老 ——衣食住行生活護理錦囊》，新增不少內容，例如家居安老或院舍安老的取捨、太極養生操、使用智能電話護老等，都反映他與時並進的人生態度，實在不能不推薦此書。

盧覺麟

《am730》社長

自序

凡事是給有準備的人

随着生活及醫療護理的改善，現今 40 至 50 歲人士，期望可活至 90 歲或上的年齡，此已是大大超過「古來稀」的局限了。大家可有準備迎來此黃金歲月呢？

人生是一個不斷「準備」的過程，少時我們努力讀書，是要長大後可謀生、養家活兒；現在全情投入工作，無非也是為將來打算，有一個無憂的生活；爭取時間運動，不外是希望有健康體魄，日後不被疾患來襲。

總的說來，大家不是努力裝備自己為晚年理想生活而鋪路嗎？餡餅不會由天跌下來，是大家知道的道理；所以及早關注日常的衣、食、住、運動與健康生活為起步，培養正確的處理方法，正是「貼身」及「落地」的行動，朝向高齡而健康的生活邁進。

相信大家高堂也尚健在，如何在日常起居生活上，為家中長者作出妥善關懷與照顧呢？有着實踐例子的心得作參考，直接、簡單、易明，讓大家作出反哺盡孝之責，實非理論多多之文字所及。

事實上，於步入中年時期，身感自己謀求晚年生活如何是好之際，透過為父母作出貼身照顧過程，感受他們的困難及需要，正好像是一個水晶球，讓他們也可體驗及預見「君體也相同」的情況，及早作好晚年期的準備，讓自己締造一個理想的高齡愜意生活。

長壽是否活得健康呢？生活是否會愜意呢？如何有着壽齡而不被疾患蹂躪呢？《樂齡居家安老——衣食住行生活護理錦囊》除了給遙望退休的中年人，作好策劃老年期的認識及準備，也提供大家在關顧家中長者時，一些具體兼實際的參考，期望能助大家迎來高壽，帶來黃金年華的生活。

陳炳麟

目錄

樂活篇

健體篇

祛病篇

附錄

樂活篇

　　文明社會人口老化的現象日趨嚴重，護老養老的問題是醫療界、社工界，以及長者和家人的關注焦點。本篇含「衣」、「食」、「住」、「行」、「心靈」五章，每章各有值得深入探討的內容，分別述及長者居家護理的五大課題，解答和分析了長者在日常生活中容易出現的各類生活和心理問題，並給予相應的實用建議和護理心得。

衣

　　一個人生活內容的好壞，通常從「衣」起。許多人本着「人要衣裝，佛要金裝」的原則，認為衣著尤如人的臉面，要給別人良好的第一印象，衣著的講究自不可少。但其實這個問題不能本末倒置，衣服的最主要功能還是蔽體禦寒，這方面的護老學問實在要認真對待才行。

① 褲帶繫得太緊的壞處

很多長者在穿衣褲時，為了穿得好看、「體面」，總是喜歡把褲帶勒得緊緊的，卻不知這樣做會有損健康。

對身體虛弱健康不佳的長者來說，若褲帶長期勒得太緊，會壓迫腹腔中的血管，有礙血液的正常流通，而令身體感覺不適。

此外，肛門周遭的血管較多，若長者的褲帶勒得太緊，導致腹壓增高，從而使得肛門附近積血過多，造成圍肛門那一圈長出許多隆起的小紅疙瘩。若長者的褲帶不稍微放鬆，時間一久，便會形成痔瘡。

將腰帶勒得過緊，還會令腸子對肛門造成的壓力增大。壓迫時間一久，緊挨肛門的那一段直腸，便會在長者排便時被推出肛門外，形成脫肛症。此外若腰帶長期勒得太緊，亦會造成小腸疝，引發消化不良等問題。

褲帶長期太緊，有礙血液流通，令身體不適。

② 選購適合的鞋

鞋底要防滑

勿穿拖鞋外出

　　在日常照顧長者的生活中，替長者選購合適的鞋子，至關重要。如若鞋子不合腳，長者很容易出現雞眼、水泡、厚繭等問題，嚴重的還會令腳趾變形，導致行動不便。

選購舒適、防滑的鞋子最重要。

選鞋要訣

忌尖頭鞋	鞋頭要圓而闊，讓長者的腳趾與鞋頭相距半吋，以便讓腳趾有足夠的空間緊貼鞋子。
鞋墊要有彈性	為了不讓長者的腳面受壓，在選購鞋時，要選擇一些帶有柔軟性、有彈性的軟墊鞋。而且，鞋舌與鞋櫳的接駁位要平滑，不可以有硬塊或線頭。鞋踭勿超過 1 吋，以便長者可平穩地走動。
鞋底要防滑	為了減少長者跌倒的機會，宜選擇底部防滑的鞋。而且，鞋底的後面要硬，鞋頭要闊。
勿選購膠鞋及人造皮鞋	鞋身應選擇可透氣的皮革，以軟皮面、厚膠底為佳。勿選用橡筋帶。應穿鞋帶可隨意調校鬆緊的皮鞋。
鬆緊要適度	長者有腳患時，勿穿過緊或過細的鞋，以免進一步影響血液循環。
避免涼鞋或拖鞋	勿輕易穿涼鞋或拖鞋外出，以免因缺鞋頭保護而使腳部受到傷害。
購鞋宜在黃昏時	購鞋的時間應在黃昏。因為經一天活動後，腳的尺碼會略為增大，長者穿着這樣大小的鞋子會更適合。切忌因一時偷懶，而憑鞋碼買鞋，這樣會很容易買錯尺寸不合的鞋子。

③ 禦寒要訣

及早做好禦寒措施

雖然香港的冬天不算太冷，但當「北大人」到訪時氣溫下降，長者很可能因受冷而患上流行性感冒，導致身體抵抗力削弱，或引發其他的併發症，如支氣管炎、肺炎。因此面對冬季，長者需要及早做好禦寒措施。

衣服穿羊棉，多層又輕便

多穿羊毛衣或棉衣，少穿纖維質衣服，因羊毛、棉質衣料較纖維質料保溫。穿多層輕身的衣服較一、二件厚重的衣服更具禦寒效用。由於長者的手及足部在冬季最易冷冰冰，選厚身的羊毛襪和手套，可使四肢溫暖。在氣溫下降時，讓長者戴一頂帽子，更有助保暖。當然，冬日長者穿衣服或鞋襪時，勿穿着過緊，以免阻礙四肢活動和血液循環。

保暖袋

此外，選擇保暖袋來禦寒取暖，也不失為一個好的方法；長者可將保暖袋放在腳踝、小腿內側的動脈上，以便熱氣散發至全身。當然，勿讓保暖袋太熱，以免灼傷皮膚。也可將保暖袋放在臀部兩塊股肉上近腰部的位置，因為此處與穴道相通，可將暖氣流至腳尖，使腳也暖和起來。如將保暖袋放在大腿關節的地方，可令整條腿都感到暖和，尤其是腳部血液運行不佳的長者而言，此方法最為有效。

蜷縮禦寒，無助保暖

很多長者在酷冷嚴冬時，都喜歡蜷縮在溫暖的被窩裏，或是在北風凜冽的早晨，身體蜷縮一團以禦寒冷。其實，這些做法無助於保暖，反而會大大刺激交感神經，令血液運行更差，使得腳尖變得更加冰冷。因此，長者在被窩裏應伸直身體，讓體溫散發，暖和被窩。在寒風呼呼吹着的時候，也應挺起胸膛走路，使血液流通，暖和身體。

禦寒小錦囊

- 長者應穿着足夠的衣物。出外時，應添加多件足夠禦寒的衣物，並戴上帽子。
- 長者要吃得溫飽。寒冬時，多預備較暖的食物，如熱湯、熱粥、熱牛奶等。
- 長者獨居時，家人應每天致電問候，關心其身體近況，若長者身體虛弱或長期患病時，應及早替長者安裝「平安鐘」。
- 若長者睡覺前仍覺寒冷，應先暖熱身體後再上床，如覺口乾可飲些溫水。平時，長者可多做運動，以增強體質。

食

　　隨着年紀增長，由於身體內分泌的變化，長者數十年的慣常口味也會發生改變，通常傾向於清淡。要改變長者本身對口味的轉變，又使護老者不致無所適從，以下是提升長者飲食質素的重要一環。

① 口味逐漸變清淡

　　人體天生有一種能力，會自然發出指示訊號，使人隨着年齡的增長和體力的消耗而調整飲食習慣。專家指出，長者的飲食口味偏好，會隨着生理功能退化而逐漸轉為清淡，不像年輕人那麼偏愛高脂肪和高膽固醇食物，這是因為長者身體的新陳代謝速率已顯著放緩，而且體能活動減少，消耗的能量也減少，身體會自動避免攝取過多熱量。

　　因此，為了配合長者這種飲食口味的改變，應該選擇一些清淡、高纖維的蔬果食物。但是另一方面，由於長者活動量減少、吃得也較少，食物轉成較為清淡後，更應該注意飲食營養均衡的重要性，尤其是注意鈣、鐵、鋅等礦物質，以及維他命 B 和維他命 E 的攝取。

高脂肪和高膽固醇食物

❷ 讓長者食得有味

「食而無味」會令長者失去人生樂趣，因此必須好好照顧。

可供參考的三個主要原則

選用 天然調味材料	長者味覺神經細胞退化，對食物的味覺及進食興趣也漸漸降低，因而在備膳時可多選用天然調味料，如薑、葱、蒜、胡椒粉等增加餸菜的味道。同時，長者不宜進食醃製、加工及高調味料的食物。另一方面，味道太濃、太甜及太鹹的食物，長者也不宜進食。長者若能戒掉吸煙的習慣，可以有助於保持口腔衛生，增加對食物味覺的感應。
多喝水	長者唾涎分泌減少，口腔會變得異常乾燥，因此長者應多喝水，吃一些較濕潤的食物；如粥、瓜果等，如能配以肉汁或清湯，則更為適合。每次進食前，長者可以先喝點湯水，以濕潤口腔，或進食酸瓜等前菜，這些方法都可以幫助刺激長者唾涎的分泌，讓長者胃口大開。
優選 高纖維食物	據衛生署所提供的資料，適量進食高纖維食物，可幫助長者預防多種疾病和身體慢性失調，有利於腸道暢通、促進消化液的分泌，增加腸道內有益細菌的活動，減少腸道中食物渣滓停留的時間，進而間接減低有害的致癌物質積聚。此外，纖維素還可幫助長者穩定血糖和控制糖尿病，降低血液中的膽固醇水平，因而可幫助長者預防心臟病。

　　蔬菜是人體所需纖維素的主要來源。成年人每天應該攝取約 20~30 克纖維素，倘來源只是蔬菜，約等於兩碗蔬菜的分量（重約半斤）。除蔬菜含豐富纖維素外，穀類食物如麵包、紅米、燕麥片；根莖類如馬鈴薯、番薯；豆類如青

豆、扁豆、紅豆；菇藻類如草菇、冬菇、雪耳、髮菜；水果類如橙、西柚、西梅，以及其他食物如栗子、腰果及花生等，均含豐富的纖維素。

　　事實上，高纖維食物不僅適合長者的膳食需要，而且也符合長者全家大小的膳食要求，可維護全家的飲食均衡及健康。

麵包　馬鈴薯　番薯　豆類　冬菇　腰果、花生　蔬菜　橙

餐食小錦囊

- 要食得健康，應將高脂食物變為低脂。
- 肉汁麵條改為茄汁麵條，可以減少熱量 100 卡。
- 牛油煎蛋改為少量植物油煎蛋，可減少熱量 100 卡。
- 糖漿或果醬煎餅改成輕抹糖漿或果醬，少用油，可減少熱量 100 卡。
- 芝士烤薯仔改為酸忌廉烤薯仔，可減少熱量 350 卡。
- 烤春雞若改為焗爐烤無皮春雞，會減少熱量 250 卡。
- 一塊 100 克的肥肉改為同等重量的瘦肉，會減少熱量 250 卡。

③ 食材要留意

在早、午、晚餐及餐間小食的食材方面，也應該留意：

早餐

- 選用全麥及高纖維麵包代替白麵包。
- 用紅米代替部分白米煲粥，或以麥皮代替粥。
- 選吃即食穀類早餐加粟米片及奶，再配搭水果。

午餐、晚餐

- 用紅米或糙米代替部分白米煮飯。
- 多選瓜菜和豆類食物作餸菜（每天至少吃 6 兩）。
- 多選用高纖維配菜，如金針、雪耳、髮菜等。
- 煲豆湯並吃湯渣。

餐間小食

- 以全麥麵包及高纖維餅乾代替各式酥餅。
- 以瓜菜及水果作小食，如青瓜、蘋果、香蕉等。

4 牙齒健康勿忽略

長者常常存在咀嚼問題，從而造成吃飯時吞嚥困難，容易引發消化方面的疾病。因此，在選擇長者食物時，應選擇那些軟硬適中的，並且將食物剪碎、攪爛、煮至軟身，以助進食。更重要的是，長者需定期到牙醫診所檢查牙齒，並且配戴適合的假牙。

5 少食多餐

隨着身體的老化，唾涎、胃液、消化酵素等分泌會減少，加上腸胃的蠕動減弱，長者可能容易產生胃脹、噁心、噯氣等毛病。因此，在飲食上，長者應該採用少食多餐的方式；此外太難消化及太硬、煎炸、肥膩、太鹹、太酸、太甜、太辣、太濃、含咖啡因及酒精的食物與飲料，長者都不宜進食。同時，長者可在吃完飯半小時後去散步，以幫助消化。

❻ 飲食安全問題

酷熱天氣，細菌容易滋生，虛弱的長者倘進食不潔的食物，會引來食物中毒事件。因此只有加倍關注食物衞生方面的問題，方可保障長者的健康。以下是必須注意的飲食安全問題：

選購食物	切勿因價廉而選購霉爛、有異味或變色的食物。鼓起、凹陷或生銹的罐頭也不宜選購。此外，含有「剌味」及電油味的食物，大多受到污染，不宜選購。
清洗食物	買回來的食物，必須進行徹底清洗，尤其是蔬菜，需要至少浸於水中 1 小時，以清除殘餘農藥。肉類食品不要在室溫下放得太久，以免變質或受到細菌污染，應儘快儲存和烹煮。碗碟、容器及其他煮食用具必須保持清潔。切過生肉的砧板和刀要洗乾淨後，才可以切熟肉和蔬菜；或分別預備切生肉或熟肉的砧板。此外，砧板必須保持清潔和乾爽，以免細菌滋生。
烹煮食物	食水必須煮沸後才可飲用。蒸魚前必須去淨魚的內臟，並於沸水蒸最少 10 分鐘，切勿放在飯上面蒸魚。食物須徹底煮熟後，方可讓長者進食。煮蝦及滾魚片最少也要 5 分鐘。

蔬菜至少浸泡 1 小時。

生　　　　　　　　　　　　熟

砧板和刀需洗乾淨；或分開生、熟砧板。

⑦ 為長者餵食要小心

　　患中風、腦血管疾病、柏金遜症、認知障礙症（腦退化症）等症狀的長者，飲食常常難以自理，需要家人和護理人員進行餵食。

　　此類長者進食往往比較慢，用餐時間也會比一般長者要長。進食時，他們很多時候會發生嗆咳，導致食物從鼻孔裏流出來。如發現長者在吞下食物後，說話時喉頭有「咕嚕咕嚕」的水聲，則表示還有食物髒在長者氣管處，護理者必須細心觀察此類隱形陷阱，以防因此而引發其他疾病，如肺炎、發燒、咳嗽、氣喘等。

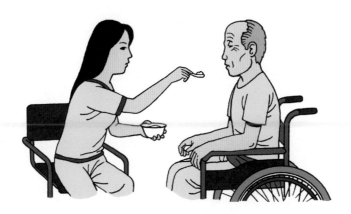

餵食小錦囊

- 為長者餵食時，必須使用較細小匙羹，以控制分量和速度。
- 長者進食時，應減少周圍環境對他的騷擾。讓其坐直身體，保持正確進食姿勢。
- 長者進食時，護理人員不要催促他們，讓他們有較長時間咀嚼及吞嚥。
- 預備濃稠適宜的食物可幫助刺激長者的吞嚥反射動作。因此，護理者應把固體食物切細並煮爛，從而減低食物哽塞的危險。

⑧ 謹慎提防骾喉

密切留意長者進食

隨着身體老化，在身體功能衰退的情況下，長者喉部的肌肉會不能控制自如。再加上視力下降，常常未看清食物，便已放進口中，從而經常導致骾喉的慘劇發生。

長者進食時，家人和護理人員應密切留意長者進食時的情況，倘發覺長者有喉嚨哽塞、呼吸困難及臉色突變時，應立即拍打長者背部，讓其將骾喉食物吐出，並急召救護車送院急救。

注重就餐細節

要避免因不慎引起的悲劇，應注意以下細節：

忌飲水食飯	很多人均有一種錯覺，以為一邊食飯一邊飲水會有助進食，其實這樣反而對健康構成一大威脅。因為，未細嚼的食物容易隨水吞下，卡在喉嚨造成危險。長者應避免進食大塊或較硬食物，而應多進食糊狀的粥或軟飯。
食不語	為安全起見，在「食不語、寢不言」的古訓教導下，長者在進食時，家人或護理者不能過多與他們說話，以免分散他們的注意力，而讓食物塞着氣管，導致呼吸道阻塞甚至發生窒息。
慎嚐黏性食品	年糕、糯米等食品帶有黏性，長者在嚼碎、吞食上會有困難，因此不宜過多進食。事實上，每年年尾時分，長者因嚐湯丸應節，而導致骾喉窒息昏迷、送院急救或因此而死亡的事例時有所聞。如果想讓長者既不失去一嚐美味湯丸的機會，又不會給健康帶來隱患，可以將湯丸做細一點，每次的分量不要太多，也可用食用剪刀將湯丸剪碎。

配戴合適的眼鏡是避免進食時誤吞骨刺的辦法之一。

預防骾喉小錦囊

- 牙齒已脫落的長者，應立刻配戴合適的假牙。視力較差的長者，應配戴合適的眼鏡。
- 遇有多骨的魚類食物時，宜先去骨，方可讓年長的家人進食。肉類食物可切成小塊，去骨後再讓長者享用。
- 長者進食柔軟或黏性食物時，如湯丸、軟糖等，須將之切成小粒，以免因太柔軟或黏性太強，而難以嚥下。
- 長者經常有骾骨、吞嚥困難的現象發生時，可能是某類疾患的先兆，應及早去醫院求診，找出原因，儘早治理。

❾ 五類食品宜少食

隨着年齡增長，長者的體能日漸衰退，小心飲食可以有助長者延年益壽，確保健康。以下是長者不宜多食的五類食品：

油炸食品	長者味覺多會退化，變得遲鈍，故許多長者都喜歡進食香濃美味的油炸食品，如春卷、炸雞等。可惜這些食品脂肪含量過高，容易導致脂肪積聚而發胖；而且也不容易消化，容易引來消化不良等問題，甚至可能引發膽、胰臟等疾病。
醃製食品	醃製類食品如鹹魚、臘腸及臘肉，均含鹽量過高，而缺乏維他命，加上加工過程中可能受到細菌感染，長者進食不但難於消化，而且容易引起腸胃疾病。
甜品糖果	長者倘喜吃糖分過高的食物，如朱古力、雪糕，不但對健康無助，而且倘若長者患有動脈硬化及糖尿病等疾病時，攝取甜食將對健康造成極為不利的影響。
凍飲	長者倘貪一時口福，於夏日飲用冰涼飲品，以解一時之口渴，定會導致胃液分泌下降，失去進食胃口；而且亦會引來腸胃病，甚至引發心絞痛及心肌梗塞。
動物內臟	許多長者認為動物的內臟，如腦、肝、腎等營養豐富，是補身益壽的佳品，但是卻忽略了這類食物通常含過高的膽固醇，長者食用將會導致血液中的膽固醇增高，而對患有動脈硬化、冠心病、糖尿病及尿酸過多的長者而言，其危害性將更大。

⑩ 兩類食品莫捨棄

不要拒絕吃「苦」，即苦瓜、杏及野菜等苦味食品。研究發現，這類苦味食品包含豐富的維他命 B_{12}，因其主要成分中的氫化物對正常細胞無破壞作用，但對癌細胞有強大殺傷力，使之發生代謝障礙而「自殺」死亡。

不要怕吃「酸」味的水果，這些水果含維他命 C，有抗癌作用。乳酪和酸菜中的乳酸菌能抑制大腸內腐敗菌類的繁殖，減少毒素的產生，並吞噬致癌物質，能有效地把糖分解為乳酸，防止結腸癌、直腸癌等惡疾。

⑪ 飲食宜與忌

下面有關飲食宜忌的小知識，對長者非常有用，希望有心護老人士注意。

不吃早餐記憶力會變差

據英國威爾斯大學研究指出，人們不吃早餐的那個早上，情緒會較吃早餐的人低落，而記憶力亦較差。長遠來說，倘長者不吃早餐會引來一些不良後果，如出於「頂肚」的需求，長者往往會在下一餐吃得更多。在飢餓難耐時，長者往往會吃下一些高脂肪的小食，身體會攝取更多的高脂肪和膽固醇，從而日漸破壞健康和記憶力。

空腹晨運易發生腦血栓

很多長者每天早晨起床梳洗後，便立刻出外晨運，待晨運後才約同知己齊往酒樓「嘆茶」。但據醫學界人士指出，這樣做很容易引起長者缺血性中風。

人在睡眠時，因呼吸、排尿及顯性或不顯性出汗而失去大量水分，若不吃早餐可能使血小板聚集性增加，血液濃縮，血液在血管中流動緩慢。倘若長者還患有動脈粥樣硬化等疾病，空腹晨運很可能引起長者中樞調節紊亂，耗氧量增加，使血液呈現高凝狀態，從而造成腦部血管閉塞，發生腦血栓。

所以，每次晨運前長者應先吃早餐，防止以上問題發生，同時還可增強體力，以應付隨後的運動消耗。

晚餐不可太晚

長者倘晚飯吃得太遲，食物尚未完全消化就匆匆上床，此時雖可入睡，但腸胃仍要「加夜班」努力工作，這時難免會引至消化不良的惡果，而且也會削弱腸胃的功能，影響養分的攝取。

飽肚上床有礙健康

心臟病、高血壓、糖尿病、痛風等疾病，都可能因進餐太晚而頻繁發作。香港家庭晚膳多較為豐盛，大量蛋白質、脂肪會使餐後血脂、血黏度、血糖等指標驟然升高，加上長者入睡後，血液流通會變得較慢，血栓塞的機會很容易隨之產生。

飯後即上床，可能還會誘發長者另一禍端──結石。因為當人入睡後，本可及時排出的尿液會滯留在膀胱中，久而久之，隨着含鈣量不斷增加，便會形成結石。

另一弊端是飽肚上床還會令長者整晚不斷起床如廁，從而使其不能安寧入睡。當然，整晚飽着肚，長者估計也難以安睡，睡眠不好，翌日精神不振，日間的正常活動也就會受到影響。

冷天須及時補充熱量

天氣寒冷時，體弱的長者在嚴寒下必須要靠進食及穿足夠的衣物來維持體溫。當長者「飢寒交迫」時，未能及時進食，則可能會使身體失去抗低溫的能力；尤其是患有糖尿病的長者，很可能引來低溫症，並因血糖過低而發生昏倒。

護理人員應定時按量，為長者提供熱食，如熱湯、熱飯或麵包等食物，以助體弱及多病長者補充體力，以免因捱餓太久而引發疾病。

合理掌握食鹽量

　　食鹽的化學名是氯化鈉（NaCl），人體攝取食鹽有助於吸收鈉質。適量的鈉能平衡體內的水分及血壓，促進神經傳遞機能。成年人每日只需約500毫克的鈉，便能維持身體功能的正常運作。應適量攝取食鹽，過量攝取食鹽將會對身體造成危害，如易引發高血壓、腎病、心臟病、血管閉塞、風濕性關節炎、皮膚粗糙、頭髮脫落、體重增加等問題。因此，成年人每日只可攝取6克以下（約1茶匙）鹽的分量。

　　由於生理衰退，在味覺靈敏度減低的情況下，長者可能會在不知不覺中攝取過多的鹽分。因此，護理人員在為長者準備食物時，應該合理掌握食鹽量。長者若能長期採用低鹽飲食，不單有助於食物養分的吸收，而且還可以預防或避免以上問題的發生和惡化，從而得以享受一個快樂的晚年。

成年人每日應攝取6克以內食鹽。

油吃多少因人而異

事實上，油吃多少才好並不能一概而論，要視乎每位長者的健康、所處環境與氣候而定。

在寒冷的季節，長者的身體需較多的熱量以禦寒，當然應多吃點油；而身體較弱、皮膚乾燥、脫髮或頭髮缺乏光澤並容易折斷的長者，也需要多吃點油。但是，在氣溫高漲的炎熱季節裏，長者食慾較差，加上因流汗而多飲水，消化功能也會減低，此時若進食過多的油膩食物，將會很難消化。因此，在炎熱的夏季，少油飲食對長者而言最為適宜。

另一方面，若長者有以下症狀時，也應選擇少油飲食：患肝膽疾病的長者，由於膽汁分泌減少或不平衡，脂肪不易被消化，戒含油量的食物是正確的行動；患急性腸胃炎、腹瀉的長者，由於胃腸功能紊亂，油還是少沾為佳。患有動脈硬化及冠心病的長者，亦不宜攝取油膩食物，尤其避免進食肥肉和動物油。

無論如何，油雖然為人體所必需，但切勿進食過量，若長者經常進食肥膩及含高脂肪的食物，不但容易發胖，而且還會引來血壓及心臟的問題。

清淡飲食小錦囊

- 選擇低鈉鹽或低鹽豉油，1 茶匙的低鈉鹽含有 780 毫克鈉，而 1 茶匙普通食鹽，則含 2,400 毫克鈉。
- 盡量減少進食已加入大量鹽分、含鈉量高的食品，如罐頭、燒臘、醃製食品及即食食品等，注意食物的配搭及選用低鹽調味製品。
- 善用新鮮食品的天然味道作巧妙配搭，以減少使用調味料。
- 多用菇類、海帶、紫菜等含鹽量低的藻類食品，以烹調清淡菜餚。

⑫ 多食蔬菜少吃肉

　　不愛吃水果、蔬菜及穀類食品，而多吃各類肉食的長者，將有可能患上癌症。

食素可防癌

　　據調查發現，人們多吃肉類或某些魚類（部分魚類，如吞拿魚、三文魚、鯉魚、大眼雞魚等均含有很高脂肪），將增加患上結腸癌、前列腺癌及乳癌的危險。醫學界也早已證實，當人的胃部消化肉類及奶類製品時，會產生一種名為「高同型半胱氨酸」的氨基酸，若這類物質在人體內積聚過多，會引起血管內壁功能障礙，導致血管硬化，最後引發中風或心臟病。

　　美國癌病研究中心及世界癌病研究基金曾聯手，對 4,500 宗個案進行調查，結果發現多食素有助於預防癌病。香港公共醫療醫生協會亦稱，多吃水果、蔬菜至少有兩個作用：

- 蔬菜蘊含的維他命 C 可以中和某些致癌物質；
- 利通大便，可排出直腸中的毒素，預防直腸癌。

　　另據香港中文大學醫學院研究發現，菠菜、青蘿蔔、青豆類等綠色蔬菜含菜酸量極高，有助降低體內導致血管收縮的有害氨基酸，促進血液循環，有效預防心臟病及中風。

高纖維蔬果

　　長者最理想的食譜是，每餐均以水果、蔬菜為主，這樣可以減少 20% 的患癌機會。專家亦建議長者應多進食含纖維的食品，如未去麩的五穀食物（包括紅米、全麥麵包等），這類食品可幫助人體增加排便量，加速排泄物在腸內通過。此外長者還須培養每日如廁的習慣，維持身體的正常調節功能。

　　有流行病學的研究發現，排便分量較大的人，患上結腸癌的機會較排便量少的人低。而美國波士頓塔夫茨大學的學者亦證實，含高纖維的蔬果及全麥食物，有助於降低患乳癌的機會。

- 烹製低脂肪食品。
- 多吃不含膽固醇及低飽和脂肪酸的油脂類食品。選購瘦肉和魚類,避免長者進食午餐肉、香腸、腩肉、排骨、肉皮、臘腸、臘味等。
- 烹調肉類前須切去肥肉和皮。骨頭湯含大量脂肪,煲湯宜用瘦肉、蔬菜、瓜類作湯料。食用時,須撇去湯水上的油脂。
- 烹調可採用蒸、烤、焗、白灼或滷水來代替煎炸。選用植物油,但分量要每天不超過 6 茶匙。煮菜時要三少,即少油、少水及少時間。
- 減少長者外出就餐的機會,以免攝入過多脂肪。

⓫ 拒絕食用垃圾食品

涼果

　　涼果經過多重醃製,維他命早已所剩無幾,長者所嚐的只是甘甜味道。部分涼果如製作出現問題,含黴菌、過量防腐劑和人造色素,則會有礙健康。

　　營養師指出,若由水果醃製而成的涼果,完全沒有加入任何添加劑,不失為一種健康小食;只是當涼果是經過多重醃製的,長者便須禁口了。消費者委員會曾比較了五類涼果的熱量,以 30 克計算,最高熱量的為菠蘿乾,含 89 卡路里;其次為芒果乾,含 87 卡路里;甘草薑及柑橘則分別有 79 及 62 卡路里;而最為長者喜愛的話梅,亦有 55 卡路里。

　　雖然涼果的熱量比相同重量的薯片或朱古力(約 160 卡路里)低,但倘若長者在不知不覺間多吃了,而未能消耗多餘的熱量時,會導致脂肪積聚,其結果是因一時口福,而危害了健康。

臘味

在嚴寒的冬天，臘味成了人們日常餐桌的一道不可或缺的「美食」。臘腸、臘鴨等的確美味、開胃，是「送飯」佳品。但臘味畢竟是醃製食品，就算是身體健康的人士，亦不宜多吃；因此，為保長者的健康，還是少食為佳。

臘味屬精製食物，且經曬乾後變得較硬，長者難以消化。加上露天擺放易積聚沙塵和污物，甚至發霉、滋生細菌，若再不經洗淨便進食，易引發腸胃病。因此，腸胃虛弱或患病的長者不宜進食，高齡的長者更加不適合進食。

此外，由於臘味採用防腐劑醃製而成，含大量脂肪及鹽分，長者多食不但易肥，亦會使人體在分解上述物質時出現問題，加速腎臟功能的惡化；因此患有腎臟病的患者尤其不宜食用。

臘味中含大量鹽分，長者進食後還會令血壓上升，增加血管病患的問題。另外臘味亦含大量的飽和脂肪，屬於高膽固醇的食物，若長者進食過多，會因此攝取大量的膽固醇，導致血管阻塞，對患有高膽固醇及心臟病的長者極為不宜。

即食麵

現今生活講求速度。若要花上很長時間方可弄來一頓美食，對日間獨處而只須照顧自己早餐或午膳的長者來說，似乎顯得太過麻煩。因此，這些長者會在不知不覺中形成吃即食麵的習慣。

然而，即食麵實在算得上是一種只利口腹、不利健康的食品；在提供長者必需的營養方面，可說是毫無作用。其含有蛋白質及維他命 A、B 及 C 成分極低，長者若長期進食而不補充其他食物，如蔬菜、水果、肉類，可能會導致營養不良的問題。再加上即食麵在製作過程中，採用熱油油炸而成，再配上澱粉、豬油、植物油脂、食鹽、鹼水、天然着色料、化學調味料、香草料、抗氧化劑、品質保持劑等多種材料，難於被腸胃吸收及消化。

用此方法製成的即食麵，熱量與脂肪含量較高，以每 100 克即食麵為例，含有 21 克脂肪，約等於 1 茶匙油所含的脂肪，熱量則約有 455 卡路里，即約一平碗米飯的熱量。調味料不但使長者容易發胖，而且會引來高血壓、膽固醇過高、動脈硬化、心臟病等疾病。調味料還會令長者體內細胞變得脆弱，導致中風的惡果。

如果實在無可避免，長者可以改用即食米粉、通粉或其他麵條等來替代即食麵，因為米粉的脂肪量只有 4 克，與即食湯麵相差數倍，適宜長者充飢。

⑭ 節慶及假日飲食

春節：控制熱量攝取

春節期間，在大多數人的家庭裏，或多或少都會有應節食品，如年糕、煎堆、油角、糖果、臘味等。長者在此喜慶的日子裏，往往食量會較平常增加。

在親友到訪拜年時，長者會在不知不覺的應酬中多吃了，可能因此而引致「食滯」及消化不良等症狀，導致腸胃疾患影響健康。營養師指出，成年女性每日平均只須攝取 1,500 至 1,800 卡路里；而男性則為 1,800 至 2,000 卡路里。以每日三餐計算，每人每日已攝取約 1,500 卡路里，即早餐（兩塊塗了少許果

賀年菜式小錦囊

- 齋菜可用含油量較少的食品，如冬菇、髮菜、蠔豉、粉絲等，至於含油量較多的豆泡和生根，則少吃為妙。
- 蒸魚及用易潔鑊煎魚亦可減少用油。瘦肉或瘦燒肉炒西芹，可加少許腰果。瑤柱節瓜脯或肉絲節瓜脯、豆乾甘筍炒雞片或瘦叉燒，都是較宜長者進食的菜式。
- 海鮮煲可用魚、魷魚、蝦、洋葱、甘筍、生菜。
- 甜品可選紅豆糕。

醬的麵包）、午餐及晚餐（每餐約食 3 兩肉、大半碗飯、大半碗菜和一碗湯）、兩個水果，若再多吃數件蘿蔔糕、數粒花生、瓜子等已大大超過平日所需的熱量，其結果是導致長者體重增加，影響健康。

因此，家人在製作甜糕點如年糕及馬蹄糕時，勿用過量的糖，可用脫脂或低脂奶取代椰汁。

翻熱食物時，可選用蒸的方法。當要用煎的方法時，可加數滴油在易潔鑊中，一樣美味可口。製作鹹糕點時，應該用蘿蔔或芋頭及粘米粉為主要材料，避免加入臘肉、臘腸及煎糕的油，可用瘦火腿代替，以減少脂肪量，配以適量的冬菇、蝦米、乾瑤柱和乾葱。

至於用以款待客人的賀年食物，如煎堆、油角及糖分過高的糖蓮子、糖冬瓜、朱古力、糖果等，可用較為健康的食品，如杏脯肉、芒果乾、水果等取代，以免造成對長者「口福」的誘惑。至於傳統的應節食品，如瓜子、花生、開心果等「利口」食物，有着「食完又食」的特性，不宜給長者多吃。

端午：糉子宜少吃

端午節時，很多家庭都會購備糉子，以應時節。雖然鹹肉糉及鹼水糉均主要由糯米製成，含有多種礦物質如鐵、鈣、磷，亦有維他命 B、澱粉質、菸酸、蛋白質及糖類等，營養價值高，性質溫補；據中醫師稱有補中益氣、健脾止瀉、調理腸胃虛損的作用。但是，如若長者體質虛寒或腸胃功能欠佳、消化系統差、經常有食滯時，則只宜少量進食。若長者平日食量小，那就只可淺嚐了。

患有高血壓、體內脂肪及蛋白質高、肥胖、膽固醇高、心臟病及腎病的長者，宜少食含熱量高的糯米及以五花腩為主的糉子，以免損害健康。

當長者身體發燒時，更應少食糉子，因為糉子含糯米，而糯米可產生大量熱能的食物，故對患病者不利。若長者咳嗽時，則更應該戒食此類含大量熱能的糯米糉子，以免使咳嗽加劇，引發咽喉炎。

另一方面，若長者牙齒早已脫落，或吞嚥困難的時候，應避免進食黏性極高的鹹水糭，以免鯁喉或窒息。若一定要進食，亦要將糭子切成小粒狀，並讓長者細嚼。

中秋：低糖月餅熱量亦高

傳統月餅多含高卡路里、高脂肪、高糖分、高膽固醇，這些高危成分無容贅言，定對長者身體無益。而自稱健康的低糖月餅，其「禍害」亦不遑多讓。雖然低糖月餅的蔗糖含量較低，但碳水化合物卻較高，碳水化合物在體內最終會轉化成糖分，若長者同時患有糖尿病時，其害頓見。而低糖月餅也不表示低脂肪或低卡路里，若讓長者隨意享用，最終會令健康受害。而冰皮月餅雖然脂肪含量較低，但其餡料糖分也絕對不低。

月餅膽固醇含量高，主要對月餅內的蛋黃而言。以一個健康長者每日膽固醇攝取量不應超過 300 毫克為標準，若長者患有心血管疾患時，吃一個或半個含膽固醇較高的月餅時，定會超出標準量，從而影響身體的健康。事實上，若長者活動量不多，又患有腸胃疾病時，由於月餅含油量高，不易消化，則極易引來腸胃不適及消化不良、食滯等問題。

另一方面，若長者愛吃月餅，未能適可而止時，可能會令身體發胖。據資料顯示，當人體積存 3,500 卡路里時，便會加重一磅；而一個月餅大概含 740 卡路里，若長者於中秋佳節期間食兩個月餅，就差不多使體重增加半磅。

月餅及冰皮月餅高脂、高糖，長者需慎吃。

吃月餅小錦囊

- 長者宜以品嚐 1/4 個月餅為極限，甚至是 1/8 個。
- 預備普洱茶以作消滯之用。若不慎吃滯，可飲用山楂菊花麥芽水。
- 購買月餅時，必須看清楚月餅之標籤，並留意熱量、糖分、脂肪量、膽固醇及碳水化合物等營養資料。
- 若長者患有心臟病及膽固醇過高時，應諮詢醫生或營養師的意見，並應謹記少吃為宜。

四類人宜少吃月餅

- 消化系統不良者——眾所周知，蛋黃甚難消化，而作為餡料的蓮蓉，油分亦較多，長者之胃腸更需要較長時間消化和吸收；因此，消化系統不良的長者應少吃月餅。

- 高膽固醇、高血脂者——一個鹹蛋黃的膽固醇約有 264 毫克，長者一天進食半個雙黃蓮蓉月餅，幾乎接近每日所需的 300 毫克膽固醇；如若再進食含較高膽固醇的肉類時，便會超過每日正常攝取的膽固醇量。若長者本身患有膽固醇或血脂過高的毛病，會令病情惡化。月餅中的高脂肪多為飽和脂肪，多吃對長者身體造成極壞的影響，容易引發心臟病和中風。

- 糖尿病患者——月餅含糖分過高，長者吃後會令血糖上升，加重病情。

- 過胖者——事實上，月餅的熱量和脂肪含量高，容易令長者體重增加，使長者膽固醇及血壓過高，引來心臟病、中風及腎功能衰竭等惡疾。加上體重過高導致下肢負荷過重，引發關節痛楚。進食月餅，還易令人有食滯、難消化及腸胃不適的感覺，若長者「血氣」及「腸胃」不佳，此感覺更甚。

⓯ 糾正飯後「陋習」

很多長者都有一些習慣，每當吃完飯後就會放鬆褲帶，或飯後立即吸煙、喝茶、洗澡或步行。這些看似不經意的習慣和動作，都會給健康帶來隱患。

飯後鬆褲帶

飯後立即放鬆褲帶，會使腹腔內壓下降，導致消化器官的活動量和韌帶負荷量增加，引發腸扭傷、腸梗阻，還會引來胃下垂，出現上腹不適等消化系統毛病。

飯後吸煙

吸煙有害健康，飯後吸煙尤甚。飯後胃腸蠕動加劇，血液循環加快，此時負責吸收功能的腸繫內膜毛細血管全部舒張，飯後若立即吸煙，香煙的煙霧被吸入胃裏，其危害是平常吸煙的十倍。

鬆褲帶　　　　　　洗澡　　　　　　　飲茶

吸煙　　　　　　　　　　　馬上散步

飯後不宜飲茶、洗澡

由於茶含大量草寧酸，當茶水進入腸道後，會使食物中的蛋白質變為不易消化的凝固物質。因此，飯後不宜立即喝茶。飯後也不宜立即洗澡；洗澡會導致血液加速流動，從而使胃腸道的血液流量相應地減少，降低其消化功能。

飯後百步走

俗語說「飯後百步走，活到九十九」，其實這一說法是有違科學根據的。老年人在飽餐後，食物都會集中到胃腸道，等待被人體消化，但他們的消化系統不比年輕人，相對較弱，為了更好地消化掉體內的食物，身體血液就會自動「支援」到腸胃，腦部供血量相對減少，從而導致頭暈、困倦、乏力等症狀，再加上老年人由於心臟功能較弱，飽餐後血液循環的改變，也容易使心臟供血不足，導致心率加快，誘發心臟病。

飯後小錦囊

- 長者進食時不要吃得過飽，以免加重心臟和腸胃負擔，影響腸胃正常的消化功能。
- 長者用餐完畢後，宜在原位稍坐一會兒，然後再起來走動。進餐後不要立刻站立，也不要立刻走動，以免引起心腦血管供血不足。
- 長者宜在飯後休息半小時後，才選擇一些舒緩的運動方式，如散步等。

⒗ 茶以清淡為宜

飲茶要得法

　　茶有降脂、抗凝、殺菌、抗氧化等作用，有利於防治心臟病、中風、癌症，對長者有着強身保健之功效，但很多長者為了達到以上效果，喜飲濃茶。這一做法卻引來了反效果，不利於健康。

　　常飲濃茶可使長者心跳加速，造成長者心律紊亂，因為茶中含有茶鹼、咖啡因、可可鹼等物質，這些物質對人體中樞神經系統具有明顯的興奮作用，造成腦部小血管的收縮，增加腦血栓的危險。同時，常飲濃茶亦會造成長者心臟冠狀動脈的收縮或痙攣，使心肌缺血。所以若長者患有冠心病、肺源性心臟病（簡稱肺心病）、高血壓時，不宜飲用濃茶。

　　另一方面濃茶亦會引來便秘，使長者排便困難，誘發中風。濃茶亦會造成缺鐵性貧血，因為濃茶可使食物中的三價鐵與茶內單寧酸結合，成為不能被吸收的沉澱鐵而通過腸道排出體外。

飲茶小錦囊

- 為能獲得飲茶的益處，泡茶時勿將茶葉浸泡過久，宜隨泡隨飲為佳。
- 茶以清淡為主，適量為佳，不宜過濃、過量。
- 飲茶以每日一至二次，每次用茶葉 2 至 3 克比較適宜。
- 飯前、睡前、服藥時不宜飲茶。

飯前、睡前不宜喝茶

　　長者飯前及睡前不宜喝濃茶。因為茶有幫助消化的作用，若長者腹內空無一物，茶會直入肺腑，抑制胃液的分泌，不但影響食慾，還會妨礙消化，甚至會引發眼目昏花、心慌心悸、胃腔不適等「茶醉」現象。有失眠症狀的長者，更不能臨睡前喝濃茶。因為茶有興奮神經的功效，會加重失眠和神經衰弱的症狀。

　　大便不暢時，飲茶會令大便更秘結；因為茶的鞣酸含有收斂、減緩腸蠕動的作用，會增加長者的排便困難。服食藥物時也忌飲茶，因為茶中的鞣酸易與某些藥物中的蛋白質、含鐵化合物等產生化學作用而降低藥效。

患病時不喝濃茶

　　患有胃、十二指腸潰瘍或慢性萎縮性胃炎時，忌喝濃茶，以免茶中的咖啡因刺激胃腸黏膜，增加胃腸不適，加重潰瘍創傷。

　　患有肝病的長者，更不宜飲用濃茶，因茶含有咖啡因，在長者飲茶過濃時，經肝臟代謝，會加重損害肝臟組織。

　　患有心跳過快、心房顫動等心臟病患的長者，亦不宜喝濃茶；因為茶中的咖啡因、可可鹼和茶鹼能促使心跳加快，使長者經常處於興奮狀態，得不到至佳的休息機會。

17 喝水也有大學問

　　長者普遍存在飲水不足的問題，一是因為日常生活缺乏飲水意識，二是害怕頻繁如廁，給生活帶來不便。長期飲水不足會影響健康，因為水分除可解渴外，亦有助調節體溫、輸送養分、維持新陳代謝及有助排泄。倘長者長期缺水，易患上便秘，皮膚失去光澤及彈性，甚至導致泌尿系統疾病，如腎石及尿道結石等疾病。

每日飲足八杯水

　　很多長者因為身體功能老化，膀胱的功能亦日漸衰退的關係，每次喝完水後就頻頻如廁，特別是出外時，往往需尋覓洗手間而費時。為了避免頻頻如廁的煩惱，很多長者都會自行「制水」，少喝水，或直到口渴難耐時才願飲水。

　　其實，人體組織有 2/3 由水組成，絕大部分的新陳代謝過程都以水為介質：水是血漿的基層，是所有體液的主要成分，毛髮肌膚、血脈骨肉，無處不含水！人體生理的運作無水不行，缺水也不行。當人體總含水量因流汗、尿液及腸道

人體缺水令生理運作難以進行，故要適時補水。

等排泄而下降 1 公升時，人會隱約有口渴的感覺；當下降到 2 公升時，則會感到喉乾舌焦；下降 4 公升時，人會感到極度不適；若失水量高達 6 公升而無法即時補充時，即會有性命之憂。

當然，人體內水的功能主要還在於輸送營養及排泄體內廢物。長者若不多飲水，使身體經常瀕於脫水邊緣，營養素的供應將會放緩，新陳代謝的渣滓將不能及時排泄，導致整個人的生理活動不能達至順暢的狀態。長者不但會有口渴不適的感覺，亦會感到思維呆滯、不暢，皮膚也會因缺水而枯槁失色。

此外，水還有消解體熱的功效，對於一般感冒發熱疾病，多飲清水顯然有助病者復元。醫學界人士建議成年人每日須飲水 8 大杯，而長者應按其體重、日常進食含水食物如蔬果之多寡及運動量而定。無論如何，經常飲水才是養生之道，刻意「制水」則會有損健康。

飲水小錦囊

- 每日預備一杯水於長者身旁，方便其隨手飲用。於當眼處貼上每天須飲水 6 至 8 杯水的圖示，以提醒長者。
- 長者清晨漱口後，可先喝一杯水。早、午、晚三餐後各喝一杯。兩餐之間各一杯。出外時，也須預備一樽水。
- 若覺得清水太淡，可在水中加入檸檬片或水果以加添清香，增加飲水意願。
- 長者尤其是糖尿病患者，不宜飲用含高糖分的水，或其他含高糖分的飲品。

夏日勿「牛飲」

　　但喝水也並不簡單，飲水不得法，同樣會給健康造成隱患。如牛飲般喝入大量的水，會沖淡胃液的消化功能，引來消化不良的問題，還會給腎臟帶來過重的負擔。此外，飲水過度，水分便很容易進入血管中，導致血容積增加，造成心臟工作負荷，從而引發心臟疾患。

　　夏季，由於身體流汗增多，汗水將身體內的鹽分帶走，大量飲水，會沖淡血液內鹽份的濃度，使長者產生頭暈的症狀。倘若所飲之水是異常冰凍之水，還會使過熱的身體瞬間冷卻而發生抽搐，造成腸胃等器官的不適。飲用汽水、果汁等加工飲料，不但不能解渴，而且這些飲料還會留存長者體內，造成噯氣等問題。

　　因此夏季長者喝水應先少量品嚐，間隔一會再喝第二口，以讓身體作出適應。當然，長者也不用非要等到口渴的時候才飲水，為了補充流汗所導致的水分流失，長者應該有規律地多喝水。

飯前喝湯勝良方

很多長者認為，飯前或吃飯時飲湯會沖淡胃液、影響食物的消化，從而導致胃痛。故他們只會在飯後才作「牛飲」。殊不知，這一觀念及做法，恰恰是錯誤的，是會對健康造成損害的。

當然，飯前及吃飯時作「牛飲」也不合適。正確的做法是於飯前 20 分鐘左右飲水或喝半碗湯，吃飯時緩慢、少量地飲進湯水，這樣便可為消化道加上點「潤滑劑」，從而使食物能順利下咽，防止乾硬食物刺激消化道黏膜。

如果長者在吃飯前或吃飯時不讓半點湯水沾唇，定會有礙食物的稀釋和攪拌，從而影響胃腸對食物的消化和吸收。由於飯前及吃飯時沒有湯水，飯後胃液大量分泌，體液喪失過多而產生口渴；這時如大量飲進湯水，又會沖淡胃液，影響腸胃的功能。

常言道：「飯前先喝湯，勝過良方」。營養學家也認為，養成飯前或吃飯時不斷進點湯水的習慣，是可以減少食道炎、胃炎等疾病的發生。故長者為防身體不適及增強對食物的吸收，應將舊觀念改正過來。

要適時及適量飲用湯水。

18 「酒能禦寒」是謬論

很多長者誤以為酒能禦寒，故每在氣溫驟降的時候，飲酒以抵禦嚴寒。飲酒確實能使人面紅耳赤，有「周身熱」的感覺；但這是由於酒精使皮下毛細血管擴張，使更多血液在皮下循環的緣故，但是這一結果卻很容易使長者的身體熱量，通過皮膚大量喪失。倘若此時，長者再走到室外較為寒冷的地方，便會覺得比喝酒前更加寒冷。

醫學界人士指出，長者因飲酒遇寒而使體溫下降至攝氏 35 度以下時，便會患上「低溫症」，表現為呆滯、手腳僵硬等症狀。如未能及早發現，長者體溫會持續下降，並將影響器官的正常功能，嚴重者還會致人死亡。故驟冷乍寒時，長者切忌飲酒，更不要以為世上有禦寒的補酒。

外國一些調查證實，酒精不但能順利進入人的血液，加速血液循環，亦會侵入人的大腦，損害腦部細胞，減損人的記憶力。通過對酗酒死亡人士的驗屍報告發現，酒精對腦部組織毒害極大。

美國曾對一群長期嗜酒與不沾酒者的大腦進行測試，發現前者的左半腦密度比後者低，其腦組織亦變得疏鬆。而從前者的大腦斷層照片來看，亦發現有明顯的腦萎縮現象，而這正是大腦記憶力方面功能大大減弱的原因。飲酒還會導致肝硬化、肝癌、陽萎（性無能）、心臟功能衰退等疾病。

身體各方面的轉變，腦功能的日漸老化，很可能造成長者在生活上的自理能力喪失，從而增加家人照顧上的壓力。另一方面，過分飲用酒精，會使長者情緒變壞，產生幻覺及妄想。此外，酒醉後所引來的問題，如嘔吐、行為有異等，更會增加家人的負擔，損害和家人的親密關係。在重重打擊下，長者情緒會愈加低落、抑鬱，對工作、生活也失去了信心，最後造成自暴自棄的後果。

19 吸煙損害健康

煙不離手損健康

　　資料顯示，由於香煙含焦油、氫碳化合物等致癌物質，會刺激呼吸系統，可使長者產生 25 種疾病。研究亦指出，每年因吸煙而導致肺癌死亡的人數達 50 萬人，因吸煙而死於心臟病的人數達 60 萬人。

　　另發現戒煙可使這些疾病發生率大大降低；也有助於這些病患者的康復。例如，若人們 1 小時內不吸煙，血壓及心跳率可回復正常狀態；8 小時不接觸香煙，肺活量水平可增加；若一日與香煙絕緣，則可減少患上心臟病的機會；若遠離香煙兩日，有助回復昔日的味覺與嗅覺的功能；而四日不吸煙，肺功能則可增加三成。

疲勞後吸煙壞處多

在做完家務或運動後，許多長者都會借助香煙來解除疲勞。殊不知，疲勞狀態下吸煙，對身體的傷害更大。香煙中的有害物質會藉着體力消耗、心跳加速，更容易進入人的血液中，從而對身體造成更大的傷害。

研究還發現，當人於體力勞動後，胃內的食物會快速分解、吸收，並會出現輕微的飢餓感，而香煙的尼古丁等有害物質會抑制胃黏膜細胞，使胃酸分泌物減少。這時吸煙，病魔可在長者毫無戒備的情況下，慢慢殘害他們的健康，引發心臟病等惡疾。

事實上，長者戒煙初期，由於香煙中含有尼古丁等物質，確實令長者產生焦慮不安、失眠、暴躁、頭痛、精神不振、手震等現象，長者可做一些「分心」的事，如出外散步、閱讀書報或參與社交活動，只要堅定信念，相信一定可以慢慢消除煙癮。

戒煙小錦囊

- 抓緊機會——當長者因長期吸煙而引來身體不適，如哮喘病發、中風時，家人應藉此機會，痛陳吸煙的利害關係，鼓勵長者立下決心與香煙絕緣。
- 祛除誘惑——扔掉香煙、煙灰缸及打火機等，以實行破斧沉舟的堅定決心。
- 轉移注意——當長者「心癮」起時，可與他出外散步，或鼓勵長者與朋友聊天，讓他忘記香煙的存在。
- 多作鼓勵——當長者逐漸遠離吸煙的習慣時，不妨買些長者喜歡的東西給他，以示鼓勵。

20 咖啡提神也傷身

　　美國哈佛大學研究指出，男性每日飲用 2 至 3 杯咖啡，可把患膽結石的機會減低四成。對於老年人來說，約有 1/10 的人，可能會患上令人有異常急劇腹痛的疾病，為了預防這類疾病的發生，許多長者會漸漸養成飲用咖啡的習慣。

　　研究指出，由於膽石是由膽固醇累積而成，而咖啡因恰恰能夠防止膽固醇累積、增加消耗能量，減少脂肪貯存，降低膽石形成前的液體吸收，增加流經膽囊的膽汁，從而起到防治膽石形成的作用。

　　凡事有利也有弊。咖啡雖可預防膽結石，但咖啡始終是興奮劑的一種，適量飲用可促進人體血液循環、增進食慾、促進消化等，但倘若飲用過量，則會令人出現焦慮不安、失眠、緊張等症狀，嚴重者還會增加心臟的負荷。

　　公共醫療醫生協會指出，每天飲用 3、4 杯咖啡可能會引發胰臟癌。另據醫學界研究顯示，患者若一日飲 6 杯咖啡，會增加心臟病發的機會。

　　此外，過量飲用咖啡還會導致失眠，使人出現周期性頭痛症狀。高齡女性若每天飲用 3 杯或以上分量的咖啡，患上骨質疏鬆症、引發骨折的機率將會更大。

過量飲用咖啡，身體或會出現不適，長者需留意飲用分量。

住

　　在香港，大部分市民營營役役只為求「有瓦遮頭」，不管自置還是租賃，總要有樓棲身。對長者而言，在住的方面除了要考慮節省外，還應該考慮是否住得自在，如何在可能情況下令居住環境安全舒適，都是應有的大原則。

　　本章還會討論有關院舍及國內安老的話題，藉得大家參考。

① 何處是吾「家」

黃惠娜

曦蕓居酒店式長者公寓

營運總監

　　「家」甲骨文寫作「家」它的外部是「冂」，也就是「宀」，像房子的形狀表示與家室有關，中間的部分是「豕」形，「豕」就是豬。但今時今日，是否「有瓦遮頭」有食物就是一個理想的「家」？從事安老服務 26 年，曾服務居住不同房屋類別的長者，從「籠屋」以至今天參與位於跑馬地的長者公寓，經驗讓我明白到對「家」的期望，搬「家」的抉擇，離「家」的不安……不分貧富，從不容易。究竟怎樣才是最合適的決定？怎樣才不會令自己愧對長者？嘗試用以下分析法思考這個「抉擇」。

「WHO」～誰的需要？

　　入住老人院與留家照顧，究竟是誰的需要？是長者身體機能減退、心理需要院舍照顧？還是照顧者缺乏技巧？缺乏時間？或是缺乏「助手」而需要安排把長者接受院舍服務？相互是有關連的。

「BUDGET」～能負擔的價錢？

　　香港安老服務大部分由政府直接資助非牟利機構(NGO)，故價錢便宜，但輪候時間較長。私營院舍因沒有資助，定價與營運成本掛勾，故出現價錢貴反而質素不及平付好的「怪現象」，有錢也沒有即時有質素的服務。近年 NGO 和私營機構紛紛開展「收費服務」，以「用者自付」模式為不同階層的長者提供服務，此有助分流社會上不同財政預算的長者，但無論選擇什麼類型的服務，財務預算必須量力而為。

「WHAT」～選擇什麼服務？

當清楚問題所在，面對的是有什麼服務可選擇。社會福利署已有發牌規定，但香港與世界各地安老服務最大的不同是政府直接資助非牟利機構 (NGO) 營運安老服務，當然最近幾年引入「錢跟人走」的直接資助服務使用者的模式，但仍佔市場很少數，輪候服務時間亦長達 38-40 個月，故選擇非 NGO 營運院舍似是唯一權宜之計。至於家居服務更接近一面倒由 NGO 營運，近年亦出現不少「混合模式」，即日間中心與上門式家居服務混合提供，配合長者及照顧者不同時期的需要。唯獨香港私營而具質素之院舍及家居服務仍缺乏，此令有負擔能力或較富裕的長者較難尋求合適自己的服務，往往只能選擇聘用傭工或長期入住私家醫院以取替院舍服務。

「HOW」～怎樣選擇？

無論院舍或社區服務，是否理想絕對是取決於服務是否走「個人化」路線，若營運者能透過評估，設定合適個人照顧計劃，配合可選擇之服務內容，這類營運機構較為理想。當然我們也可透過在實地觀察服務處所的環境、食物質素、私隱度、人手安排、員工質素、與收費是否成正比。除了軟件，硬件設計亦不能忽視，近日新型冠狀病毒在世界各地肆虐，空氣是否流通、有沒有足夠空間作傳染病隔離、以至廁所浴室之感染控制的設計亦列入考慮。

「WHERE」～服務處所之位置

香港地小人多，安老院舍選址亦有限制，長者熟悉的社區範圍絕對是首選，退而求其次，選擇方便「最貼身、貼心」照顧長者的照顧者地區，方便他們日後探訪，亦不妨考慮長者年輕時曾住過或工作過的地區，很多時「歸屬感」很重要。

雖然「家居服務」看似不須為選擇地區而煩惱，但也須考慮是否有長者熟悉的「面孔」，舊街坊、老朋友對長者來說有時比五星級設計更重要。

「WHEN」～何時接受服務

　　當選定服務對象後，何時入住？何時開始服務對整個服務旅程很重要，可以回想自己第一次到新學校、新工作前之不安。相對長輩，他們面對的心路歷程也一樣，可以在入住前帶長輩到院舍附近地方走走，與他們約定日後探訪的安排，若可以更可在入住早期多留下陪伴。

　　對於家居服務之適應也不可忽視，被一個「陌生人」登堂入室其實更難適應，經常聽聞與工人不和、不滿家居照顧員服務等問題。提供服務前之溝通其實相當重要，先定下「需協助」和「自己處理」之清單有助適應。

　　在歐美各地，院舍服務往往是長者最後兩至三年的選擇，其間配以長者公寓 (Senior Living)、家居服務 (Home Care Service)、過渡院舍服務 (Transitional Elderly Home Service) 及綜合性服務 (PACE, Program for All Inclusive Care for Elderly)。本港之安老服務雖不能完全參考外國，但若能以家居服務為主，院舍服務為副之模式，相信是大部分長者之意願。無論是獨自面對抉擇，或是親朋好友共同協商，只要感受到家人的手繼續相牽，只要感受到和「社區」仍相連，去到哪裏仍一樣。「家」就是一門之內，共同生活的地方，哪裏有關心自己的人，哪裏就是「一家人」。

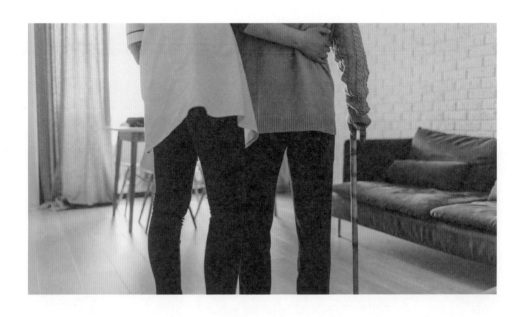

② 粵港澳大灣區安老，行嗎？

岑家雄

註冊社工

環球養老產業拓荒者

香港新世界集團——仁山優社助理總經理（營運）

需求浩大

香港的安老服務水平不弱，但政府的資源遠遠不能滿足長者需求。2043 年高齡人口佔整體人口逾三成，當中以有較大機會需要護理及支援服務的「老老」（85 歲以上人士）增幅最快。因此，政府估計長期護理服務的需求持續上升。負責安老的政策局長多番承認服務一直在「追落後」。香港人口越趨老化，恐怕幾十年後還是在「追落後」，我們也得多覓途徑，給長者多元選擇。現時越來越多長者談及北上安老，這會是個不錯的選擇嗎？本文嘗試往內地養老發展來探討一下往內地養老可能的路線圖，讓大家有個概念，理解更多。

灣區變化

內地政府一直把養老視為重中之重，而「粵港澳大灣區發展規劃綱要」中提出「提高香港長者社會保障措施的可攜性，深化養老服務合作，支援港澳投資者在珠三角九市興辦養老等社會服務機構，為港澳居民在廣東養老創造便利條件。推進醫養結合，建設一批區域性健康養老示範基地。」可見內地大力推動港人在廣養老，具體安排有待落地、深化。但政策框架已具經濟保障、跨境機構協作及醫養結合的基礎，如實踐得宜，倒是針對不少港人對服務開支、質素和醫療支援所生的疑慮。

置業養老

現時內地的政策已容許港人在大灣區置一套房屋,這政策的開放會提升港人在文化和風俗、生活和飲食習慣相近的廣東養老的動機。置業選址的考慮因人而異,一線城市或是城區交通更便捷,生活配備、服務設施更整全,換來的是樓價和生活成本高,居住空間綠化環境較少,社區內人群多而生的壓迫感。若挑選二、三線城市則優勢和限制剛好相反。而更值一提的是內地有「高新區」的開放,就如香港的新市鎮,樓價較低但生活配備、服務設施有待開放。

在大灣區置業還得留意內地樓房可分為「毛胚房」和「精裝房」,「毛坯房」大多屋內只有門框沒有門,牆面地面僅做基礎處理而未做表面處理。而公共設施,以至屋外全部外飾面,包括陽台、雨罩均完備。「精裝房」是開發商把所有裝修完成,買房子後可以立刻入住,不用再裝修。「毛坯房」可依個人喜好裝修但事情煩多;「精裝房」裝修風格和質素未必如意。由於內地樓房以「毛胚房」為主,其裝修投入需小心估量。

宜居社區

除了樓房本身和週遭環境的考量,養老不得不考慮相應服務的提供,內地居家和社區醫養結合服務的重點是,整合資源來提升社區醫療並結養老服務能力,模式主要是社區嵌入養老,就是將社區養老服務中心和社區衛生服務中心的功能整合,發揮社區養老的作用,當中設有衛健、康復、文康和飯堂服務。這些服務能照顧長者的需要,但因內地小區幅員廣大,是否鄰近便利使用再需了解。能否在社區好安老的其中一個要素是友儕的交往,社交和參與的機會。內地「老人大學」的發展蓬勃而有規模,而政府亦大力推動社區長者中心,但回粵安老則需新建社交圈,亦要在近似的文化風俗中作點調適。

智慧家居

內地最近流行的虛擬養老院概念，就是建立區域化養老資訊服務雲端，長者將需求通過電話或網路提出，平台按需求派員上門為長者服務，同時對服務品質進行監督。另有利用互聯網技術在房屋或社區內安裝智慧監控系統、人員定位系統以及緊急報警系統等，配合移動設備，讓家屬或護理人員即時瞭解老人的情況。

在醫護服務方面有「網約護士」試點，透過互聯網作健康的遠程監控，配以護士將護理延伸至社區的人群，提供慢病管理、康復護理、專項護理和健康教育等的服務。政府於 2016 年頒佈「健康中國 2030」，推動大健康的概念，就是健康維護和疾病預防的措施，醫療科技的應用有助對疫病風險早作預警，增長健康自理生活，減少對醫療服務的依賴。現時內地的居家服務還在起步階段，但在科技應用比香港應用得更深更廣，而在醫護、康復人員上門服務的費用比在港為低。這些服務可提升家居的安全感和對環境的操控感，但需跟私隱維護取得平衡，並且在選擇時必須留意人員的培訓和質素監察。

醫養結合

自 2013 年國務院正式提出醫養結合概念起，各部門紛紛頒布政策支持醫養結合的推進，把生活照料和康復醫護融為一體。內地民政部設立了養老服務司，有助醫養結合服務的發展和整合。而且，內地民政系統在養老項目在開辦和營運引入補貼，在質素監察引入星級評審，這都是把服務的質和量提升。

目前，內地醫養結合的最普遍模式是在養老院中增設專業的醫療團隊進行運營，這有利長者及時得到醫療服務，且服務品質能夠得到保證。有醫院更增設養老床位，或養老院與醫療機構協定，定期派醫護人員到養老院巡診並提供醫療服務，而養老院負責治療後康復和恢復期的護理服務。對於需要護理的人群，醫養結合可說是向「全人照顧」走前一步。現時內地養老機構在環境和設備的水平都提升很理想，但照顧畢竟是「人」的工作，而不空是個口號！醫養結合的具體服務安排是否到位勢必成考慮服務的主點。這方面可以作參考指標

的除了質素評審級別，當然需了解其與那些醫療機構協作，這些機構醫護的專業水平。

廣結繫連

醫養結合的概念是推行跨專業多元協作，在資源的整合，服務的便捷性都起了正面作用。但談到在大灣區養老的考慮，正如世界家庭醫生組織主席李國棟醫生指出「上去養老無問題，但香港人會問，有病點算？」

政府有探討在內地擴展醫療券計劃的可行性，港大深圳醫院是首個試點。除此之外，把香港居民的病歷由深圳定點醫院轉介至香港定點醫院的安排，提供了預早知會和溝通的機制，讓於在醫院住院、情況穩定並自願參與計劃的香港居民，方便他們回港繼續就醫。未來其他香港的大學也會在大灣區設醫院或醫療單位，這反映了兩地深化合作的情況。不過，歸根究底焦點還是醫護人員質素、內地醫療水平和進口藥物的安排。服務提供方由港方機構負責，或是參與培訓和監察當會令大家更安心，但費用卻又會相應更高。

結語

現時人均壽命越來越長，安老生活也越見長久，大家需在生活質素、健康維護和經濟負擔作衡考量，隨着粵港澳大灣區的融合，生活文化相近，內地養老服務漸趨水準提升，前往安老可是給香港熟齡人士多一個選擇。

❸ 細心防家居意外

- 一些物品如利器用完後，須放回原位，擺放妥當。廚房的切菜刀用完後，勿隨意放在砧板上，否則當行動不便的長者進入廚房時，很容易割傷手部。

- 切勿將長者的藥物與其他家庭成員的藥物放在一起，以免長者誤服，造成中毒。當然，有毒物品也絕不可用飲料瓶裝，盛放有毒物品的容器要用標籤註明，不可與食物放在一起，以防長者一時大意誤飲，鑄成大錯。

- 不慎倒瀉水或湯汁等流質於地上時，應立刻抹乾，以防地滑，令長者跌倒。小孩玩完的玩具應立刻放回原處，以避免長者踏到或被絆倒。家中堆滿雜物或電線，會對長者形成一種家居陷阱，應及時進行清理。

- 廚房的爐具與通風設備、電器等要經常檢修。夜間長者通往洗手間的通道應有足夠的電燈開關及照明，使他們避免摸黑走動。對體弱的長者而言，床前及廁所間應裝有扶手，以防跌倒。長者淋浴更衣時，浴室應放一張膠坐椅，使他可安坐椅上更衣。

- 家中各傢具要有「分量」，因為當行動不便的長者扶着物件走路時，可使他們穩固地支撐「重心」。長者不宜自行做不熟練的運動或工作，譬如轉腰和提重，以避免因此帶來傷害。家中應常設急救箱，並經常檢查有關藥品的有效時間。

居室小錦囊

- 居室的佈置宜簡單，不宜複雜。空間要寬敞，以利長者行走。光線、照明要充足，窗戶應常開，保持空氣清新、流通。
- 房間色彩不宜選擇帶有強烈刺激性的紅橙色系，而對比分明的黑白色系，亦會令長者眼睛不能適應，因此也不宜選用。粉藍、淡綠等中性色調可營造出一種安靜、祥和的氛圍，符合長者的喜好。
- 各房間入口及大門要明顯，避免使用開啟困難的推拉門，以防長者進出困難。傢具陳設應整齊有序，以助長者可以善用。
- 地面應平整、防滑，色澤要均勻。注意清理地上的電線、廢紙等雜物，避免阻礙長者走動，引來跌倒的危險。

4 日常洗護

洗手防病菌

　　即使長者非常注意日常飲食健康，但若一時不注意手部清潔，很容易將病菌吃進肚內，引發疾病，如痢疾、霍亂、肝炎、流行性感冒或手足口病等，結果不僅危害自身健康，也易將疾病傳染給家人。因此，長者如廁、咳嗽或打噴嚏後一定要立即洗手。

　　洗手的正確步驟如下：

- 開水喉先淋濕雙手，加入皂液，用手擦出泡沫；
- 最少用 10 秒洗擦手指、指甲四周、手掌和手背，洗擦時切勿沖水；
- 洗擦後，用清水將雙手徹底沖洗乾淨；
- 用乾淨毛巾或紙巾徹底抹乾雙手；
- 雙手洗淨後，不要再用手直接觸摸水龍頭；
- 關水龍頭時，先潑水將水龍頭沖乾淨再關。

洗澡水溫不宜過高

　　洗澡可清潔皮膚和汗液，同時增進血液循環；但如果洗澡水溫過高，很可能使長者皮膚受傷。很多人會認為，長者活動能力較慢並且「怕冷」，若水溫不高便很容易使他們着涼生病，故往往鼓勵長者用熱水淋浴。

洗澡小錦囊

- 過飽或過飢時不宜洗澡——長者飽餐後洗澡，可能會引來心肌缺血而發生暈厥；因為此時，身體表皮血管被熱水刺激而擴張，導致較多血液流向體表，從而影響供應大腦和腹腔的血液流量，輕則影響長者的消化功能，重則會引來大腦缺血而發生昏倒。而長者若是於飢餓時洗澡，便易發生低血症，從而導致虛脫的危險。

- 感冒時不宜洗澡——若長者患有感冒時，仍堅持洗熱水澡的話，很容易發汗，使長者原本就很虛弱的身體變得更加虛弱，從而導致病情加重。

- 洗澡之水溫宜與其體溫接近（約攝氏 30 至 40 度）——長者不宜長時間在熱水中泡澡，會使長者的全身表皮血管擴張，心、腦血流量減少，發生缺氧，從而使長者出現頭暈、眼花的身體不適現象。若長者患有腦血管硬化、高血壓、冠心病等心血管疾病時，很容易誘發中風、心絞痛和心肌梗塞等疾病。

- 時間與頻度——長者的洗澡次數受多方面因素決定。冬天時，長者皮脂腺分泌過低，洗澡次數宜減少，可每週一次；浴後需搽上潤膚液，以免皮膚太乾燥而引來痕癢；一般而言，夏季可每日一次。當然，在沒有洗澡的日子裏，長者也應經常用溫水抹身，以保持身體清潔。時間方面，每次 15 至 20 分鐘為宜，過久會使長者着涼。

事實上，踏入老年期的長者，其皮膚會變得虛弱、血管壁增厚、血球數量減少，故對冷熱水的溫度感應會很遲鈍。因此，洗澡時如水溫過高，長者便很容易灼傷皮膚。另一方面，由於長者皮脂分泌減少，皮膚表層缺乏油脂，高溫的熱水會將皮膚剩餘下來的油脂清除，從而導致皮膚搔癢或破損。此時，就算長者沒有使用強力的肥皂洗澡，浴後也用潤膚液塗在身上，但身體仍然會感覺瘙癢，而這很可能就是水溫過高所致。

另一方面，倘若長者浸泡於水溫過高的浴水內時間過長，可能使體表及四肢血管有較大程度的擴張，導致血液大量流向體表及四肢，引來大腦和冠狀動脈缺血，從而出現頭暈、眼花、心慌、噁心等不適現象。倘若此時長者又處於室溫過高或空氣不流通的浴室時，高溫的浴水熱氣全散於室內，導致空氣中含氧量減少，如長者患有冠心病、高血壓或血管硬化，極有可能發生腦出血或心肌梗塞的危險。因此，長者洗澡時水溫不宜過高，洗澡時間也不宜過長，並盡可能選擇淋浴。

慎防浴室跌倒

浴室跌倒是長者最容易發生的家居意外之一，主要原因是長者多是獨處，家人未能在旁照顧，加上缺乏特別的設施保護，因而很容易跌倒。為了預防長者跌倒，須採取以下一些安全措施：

- 當長者因患病而頭暈、正在服食藥物或筋骨關節痛楚（如腰背痛）時，切勿單獨一個人洗澡，宜有家人在旁照顧。
- 長者視力較差，故浴室光線需充足。由於浴室較為濕滑，穩固裝置在牆上的扶手實不可少。浴缸以對行動不便的長者而言並不安全，每次洗澡時均要跨入浴缸，實在危險；故最宜改用企缸，以避免意外。

- 浴室內應放置一張穩固的膠椅，以便長者更衣時使用。長者每次浴後，最好抹乾地板，避免肥皂泡漬殘留在地上令長者滑倒。
- 浴室內要使用塑膠容器，避免使用玻璃器皿，以防跌破弄傷長者。長者還要完全掌握熱水爐的操作，以免使用不當導致燙傷的危險。切勿讓長者用濕手去接觸電掣、電燈或其他電器；同時亦勿將電暖爐放在浴室內，以防引來洩電的意外。

企缸可減少意外發生；同時也需注意保持乾爽。

浴室小錦囊

- 浴室是長者最易滑倒的地方，故浴室的地磚要防滑，亦要經常保持乾爽。
- 若家中置有浴缸，需設有扶手以助長者進出，而浴缸之高度亦不應超過 15 吋。若為淋浴，也應設置供坐着洗浴的裝置。
- 最宜安裝電熱水爐，以避免長者因「煲水」及提着熱騰騰的沸水而生意外，而且長者也要熟悉使用熱水爐的操作。
- 浴室應有足夠空間及有穩固的膠椅，以便長者坐着更換衣物。
- 坐廁的高度要適中；廁板要舒適；廁紙架的位置要伸手可及，而且坐廁旁亦應裝有扶手，以供長者使用。
- 沐浴時，水溫不宜高，時間不宜太久。

⑤ 護眼之道

護眼要則

眼睛是靈魂之窗，長者由於眼睛功能退化，更應好好保護。

- 接觸含氯氣的泳池水時，應戴上潛鏡；
- 在猛烈的陽光下，應戴上太陽眼鏡；
- 不要經常接觸令眼睛過敏的東西；
- 不要不自覺地揉擦眼睛；
- 不要抽煙、喝酒，或在煙霧瀰漫的地方逗留；
- 一定要遵醫囑，不要擅自使用別人的眼藥水；
- 注意休息，不要讓眼睛過度疲勞。

- 專家指出，由於眼睛瞳孔老化，長者對明暗對比強烈的燈光反應較慢，特別是五光十色的光源，不僅會導致他們眼花、摔倒，還容易引起老人突發心腦血管疾病。
- 由於燈光明暗對比強烈或顏色過於明艷，很容易引起長者情緒的變化和波動，進而刺激其腦神經。對於心腦血管脆弱的長者來說，容易突發心腦血管疾病。
- 長者居室燈光的色彩必須單一、光源亦必須一致。如家中安裝的是光管，那麼睡房、客廳及浴室都必須一樣，因若同時裝有電燈膽時，由於光源的「質」與「量」不同，是會令長者難於適應的。當然，光管選用「黃光」或「白光」也是要一致的。
- 枱燈亮度應與室內亮度匹配。除了桌面的直接燈光外，還需附加室內環境的其他照明。

滴眼藥水要點

　　如何善用眼科醫生給予的眼藥水，是長者治理眼疾的必然要知的事項。因為若處理不當，極可能令眼藥水感染細菌；此外還會加劇眼部敏感或使病情惡化，導致結膜受損，甚至失明。以下是使用眼藥水的細則：

- 使用前應清潔雙手，以免雙手將細菌傳至眼睛，或污染了眼藥水。
- 滴眼藥水時應將頭後仰，並用手輕拉低眼肚，掌握眼藥水的劑量。
- 眼藥水的滴管不要接觸眼睛、眼蓋、眼睫毛或手部，以免眼藥水受到細菌感染，危害眼睛。
- 眼藥水使用後應蓋好；開啟後的眼藥水，其使用期限不超過一個月。
- 眼藥水需存放於陰涼地方，避免太陽直接照射。

保護眼鏡

- 勿單手操作——經常用單手配戴或摘除眼鏡，會在不知不覺中拉鬆鏡架，使眼鏡變形、鬆脫，導致長者在配戴時出現視力不定焦的情況，從而加重眼睛的疲勞。

- 勿倒轉鏡片——將鏡片倒轉放置會磨花鏡膜，影響鏡片的功能。

- 以絨布清理——為了保持鏡片的清晰、明亮，清洗很重要。鏡片污穢，不但不能保持視野清晰，也會使鏡架積滿污垢，而影響其使用壽命。長者勿隨意用紙巾、衣服或紙張清潔鏡片，以免弄花鏡膜。除下眼鏡時，應用絨布清潔並包好，放於有保護作用的眼鏡盒內，同時注意勿放於高溫處，以免眼鏡受熱而變形。

- 鬆緊度適中——由於眼鏡戴前除後需要開摺，故長者需留意螺絲鬆緊度是否適中，以免鬆脫。

⑥ 護齒之道

據牙醫表示，牙齒事實上是可伴人們終老，問題是如何善待它們。

- 早晚刷牙——早晚徹底清潔牙齒，飯後嗽口。配戴假牙的長者，應先將假牙除下，然後用軟毛的牙刷清潔牙齒及牙托。清潔牙齒時，應將牙刷斜放在牙面與牙肉之間，以刷除牙縫的污垢。除了刷牙外，還可用牙線幫助去除牙垢。每晚臨睡前，應將假牙除下，用牙膏、假牙專用清潔液徹底清洗假牙各部分，並將假牙放於清水中浸過夜。

- 注意飲食——少吃黏性較強的食物，以免黏脫假牙。堅硬的食物如骨類、硬殼果或甘蔗也應少吃，以免牙齒崩裂或脫落。此外，朱古力、糖、咖啡等也應少吃。實在想吃時，也應在吃完後清潔牙齒。

- 應多食含鈣質的食物——維他命 C 有助於膠原質形成，能保持牙肉健康，因此應該多食。綠茶中含增強牙齒健康的氟化物，因此常飲綠茶有助於防止牙肉疾病及抑制口臭。
- 口腔檢查——正如身體檢查一樣，長者應每年定期作全面的口腔檢查，包括牙齒、牙肉等各方面。遇有牙患時，不應只選飲「涼茶」而不去找牙醫診治。

⑦ 勿經常採耳

　　耳垢長期栓塞耳道，加上其他分泌物的刺激，可能引來細菌滋生及瘙癢的煩惱；故很多長者多喜歡用一些硬的採耳棒挖耳道，一來欲挖去耳垢，二來是藉此止癢。其實，這樣的做法對健康很不好。

　　因為耳道彎曲、皮膚薄嫩，若長者不小心戳破鼓膜，很容易發生耳道感染，引來中耳炎；並可能因此而劇痛難忍，甚至咀嚼時亦會有痛楚，睡眠也會受到影響。而且，這還會使聽力日漸減退，耳根終會「清靜」。

　　所以長者切勿經常採耳，因為耳垢一般會自動掉出來。如需挖除過多的耳垢，可用乾淨的棉花棒伸進耳內略捲數圈即可。倘耳朵發癢難受，可用棉棒蘸少許酒精揩拭耳道。但無論如何，請求醫生清理是上佳的處理方法。

⑧ 睡眠休息

睡床及環境的要求

長期睡眠不佳，不但會使長者終日昏昏沉沉，而且還會造成長者反應遲緩、思維減慢、情緒低落及健康日差等後果。因此，營造一個舒適的睡眠環境，對長者很重要。

長者睡前可用溫而偏熱的水浸足。泡腳可讓血液下行，改善長者腦部充血狀態，利於長者睡眠。此外，按摩足心湧泉穴也可幫助睡眠。

長者對睡床環境應有如下要求：

- 床褥軟硬適中——選擇長者的床褥宜軟硬適中，太柔軟或彈性過大，會使長者產生腰痠背痛的問題。長者應優先選用木板床，並在上面放上一層薄墊，既舒適又可令筋骨強健。

- 胎兒般睡姿——睡眠時，身體若能側臥、彎背、屈膝、拱手似胎兒狀，可令四肢、皮肉、筋骨處於鬆弛的休息狀態，更容易進入夢鄉。長者睡眠時如心煩氣躁，思慮萬千，難以安「心」入睡，所以長者心要靜、氣要平，若全無睡意，則起床做些輕柔的運動，如散步或者看書，待有睡意時再上床睡。

- 床鋪遠離強光——任何光線均會使長者體內的生物和化學系統發生改變，從而使體溫、脈搏和血壓變得不協調，不僅影響長者睡眠質素，還引來不少健康方面的問題。當長者睡在床上時，不要讓他看到窗外和室內的任何光線，應替他們選擇柔色或暗色的窗簾。

- 室溫隨季節變換——室溫太冷、太焗悶或太熱均會令長者睡不安寧，故長者睡房溫度應保持在冬季的溫度攝氏 19 度，其他季節在攝氏 22 度為最適合。長者入睡時，應將電視機及收音機關掉，室外亦應保持安靜，以免嘈雜聲驚擾長者睡眠。

- 睡前不再進食——長者睡眠前，勿讓他進食過多食物，以免造成胃部不適；可讓長者於睡前半小時飲少量微溫的牛奶，以助靜心安神。睡前勿忘漱口，以防牙患。空氣清新、乾爽可幫助長者安睡；如能有點香氣，如檸檬、蘋果或玫瑰香氣更能幫助長者安睡。

睡房小錦囊

- 長者的睡房勿存放太多雜物，以免阻礙長者走動。
- 床的尺寸不宜太小，宜約 4 呎闊為佳。床的高度應於放置薄硬床墊後，與膝部高度相同（即約 18 吋）。床頭應設伸手可及的照明開關。
- 衣櫃的衣掛高度應能配合長者的身高及臂力為佳。
- 抽屜的拉手要適宜長者施力時的握持力度，而且還要避免有突出的稜角。
- 屋內之電掣要長者觸手可及，勿讓長者蹲下或伸高手部才可開關。

午睡眠一眠

　　午睡時間雖短，但也不能馬虎，睡不得法，非但不能緩解疲勞，還會造成健康隱患。首先，午睡仍然要選擇上床睡。伏案而睡，以手代枕會壓迫眼球，導致手腿麻木，使某些肌肉群處於緊張狀態，身體反而得不到充分休息。此外，坐於椅上午睡，會造成長者吸入氧氣不足，從而導致頭部血流量減少，造成身體不適，故適宜在床上午睡。

　　長者午睡的時間不宜過長，否則會影響晚間睡眠，通常最佳時間為一小時左右。午飯後，不宜立即進行午休，因為此時消化器官正處於工作狀態，如果睡覺的話，會降低腸胃的功能，從而造成消化不良。正確的做法是飯後隔半小時後再午睡。

　　午睡的環境也很重要。長者不應在嘈雜、喧嘩的環境午睡，以免影響睡眠的質量。同時，室內光線應略暗，光線太強會使長者不容易入睡。當然，只要長者可寧靜地休息，縱然不能入睡，也是一個至佳的「充電」機會。為了避免長者午睡時着涼，即使在天氣炎熱的夏季，也應準備一些毛巾被、毯子等床上用品。

「冬眠」要訣

　　冬季睡覺時，長者要注意以下兩項原則：

- 別穿太多衣服——冬天因怕着涼，很多長者會選擇穿衣睡覺，但卻不知道，當身體被層層衣服壓迫時，血管會被壓，血液就會循環不暢。本來，長者睡眠時血液循環已經減慢，再被厚厚的衣服壓迫後，血流速度就更加緩慢了。如此一來，長者定然會覺得不舒服，難以入睡，而身體也會越睡越涼。

- 不蓋過厚的被子——很多長者喜歡蓋過厚的被子，以為被子蓋得越多，被窩就越暖和。其實被子蓋得過多、過重都會壓迫長者的胸部，使長者多夢，還會影響其呼吸。當長者睡着時，可能會覺得太熱，身體會消耗較多能量。翌日起床時，長者會感到頭暈、腦脹、多汗。而且，早上起床一冷一熱變化很大，也易引來感冒。

⑨ 按摩禁忌

長者不宜按摩的情況

骨質疏鬆	長者患有骨質疏鬆的毛病時，按摩恐令其有骨折的危險。
患癌	長者患有癌症時，推按其全身肌肉和淋巴時，可能會令癌細胞擴散，同時按壓其身體亦會令患者感到相當痛楚。
帶傷	長者身體有撞傷、瘀傷、燒傷、靜脈曲張、皮膚感染、發炎或患有皮膚病時，不宜按摩。
帶痛	長者若關節發炎或有痛楚、紅腫、麻痺時，亦不宜按摩。
帶病	長者若患有重感冒、肚瀉、高血壓、過度疲勞時，亦應停止按摩。

慎用按摩器

隨着科技的發展，各種按摩器應運而生，而且種類愈來愈多，功能愈來愈複雜。按摩器的作用原理是通過模擬人手，運用揉、捏、按、敲等方法，促進身體血液循環、加速新陳代謝、緩解肌肉疲勞。

但是，按摩器是以高頻機械振動或滾動來對人體進行刺激性按摩的，並非每一位長者都適宜使用。首先，患有心腦血管疾病的老人，本身發生出血的風險就比較大，而按摩器的使用會加速血流速度，無形中加大了疾病的風險。尤其是頸部等血管集中的部位切勿隨意按摩，否則易刺激頸動脈竇，導致血壓下降、心率減慢等危急狀況。

另一方面，長者患有頸、腰椎病時，倘按摩器使用不當，也易發生關節錯位，加重病情。患有腫瘤或癰腫等外科疾病的長者更不宜使用按摩器，因為按摩器對體表產生刺激，使毛細血管擴張，局部血流量增加，導致病變部位擴散而加重病情。

　　總的說來，由於長者身體機能已有所退化，對外界刺激的耐受力減低，長者使用按摩器的強度不宜過大、時間不宜過長，對身體較為虛弱的長者尤其需要謹慎使用。

　　如若希望長者能享受按摩「舒活筋骨」之樂，家人不如徒手為其按摩，除可增進感情，令長者窩心外，徒手按摩還可靈活掌握按摩力度，準確拿捏按摩部位，過程更安全，療效更顯著。

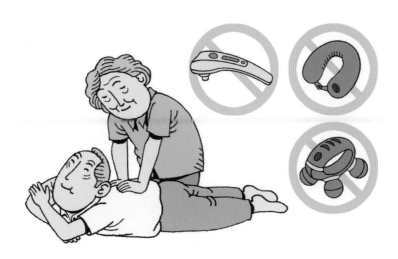

行

　　長者居家、出外的所有活動都要注意安全。家居環境若佈置不恰當，很容易在無意之間形成陷阱，使在家居內活動的長者發生意外。外出時更不能疏忽大意，衣著配戴、輔助用物都要合適齊全，才能保證行動自如。

① 留意行走安全

跌倒是長者最常見的意外。據國外調查的結果，65 歲的老人中 75%的人曾有跌倒的記錄。很多長者誤以為早已熟悉家中的情況，應不用費神留意，故往往在不提防的情況下被絆倒。為了防範長者絆倒，日常的家居設置應以安全為首要前提。

家居設置

家中的通道、走廊及地上，勿隨意擺放雜物，應經常清理。若看見地面上有水或油漬時，應立刻清理。地板應長期保持乾燥，容易潮濕的地方應加防滑墊。浴室、浴缸、馬桶、坐椅、通道及樓梯都需要增設扶手。

水漬應及時清理

增設照明

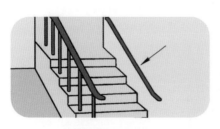

樓梯加裝扶手

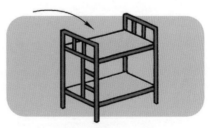

長者不宜睡上架床

室內光線應充足，可在長者的床頭或臥室安裝夜明燈或床頭燈，方便長者半夜起來如廁。浴室、廁所、通道的照明設施也要保證運作正常，以免長者半夜起來「摸瞎」。

長者的床不宜過高，一般而言，以長者坐在床邊時可將雙腳平放在地上為標準。另外，還應為床加設床欄或其他的保護設施。不要讓長者睡在碌架床的上層，長者的床褥也不宜太軟，以防長者滑出床外。

護送長者

首先，長者要緊記正確的步行方法：下肢移動時宜正直平穩，步履要輕捷，雙臂要自然下垂並協調擺動，雙膝要正對前方，切忌讓其緊張僵直。

長者在起步時，要由腳跟過渡到前腳掌，雙腳跟基本在一條直線的兩側，雙腳要交叉向前移，步距要均勻，而腿的彎曲度亦不能太大，以免失去重心。步行時，護老者要留意長者的肩部應下沉後收，腰要直、頭頸要端正，雙眼向前望。勿讓長者步行時太急進，鼓勵其將前腳放平後再起步，以防因失去重心而跌倒。為避免長者左右搖晃、弓腰腆肚及「八字腳」等問題，護老者應調整長者走路的姿勢。

長者外出走動時要謹慎小心，可借助拐杖以防絆倒。

上坡或上樓梯時，應先讓長者將較有力的腳放在階梯上，然後用力伸直略彎的膝部，提升重心。下坡或下樓梯時，則應將較差的腳先放下，以便讓健康一側的腳支撐全身重量。整個過程中，長者的上身應保持正直，腹部略收，否則易向前傾倒。

若長者因高齡而致步履蹣跚時，可讓其拄手杖以助步行。而手杖的高度一般在手杖拄地後肘關節能微屈為宜。手杖要以質堅而輕便者為佳，而手杖落地處應有橡皮圈墊，以防手杖滑動而使長者跌倒。

在整個護送過程中，護老者應對長者表示出愛心、細心、耐心，並多作鼓勵，如此方可使長者培養起步行的信心，再度成為一個獨立自行的長者。

行動小錦囊

- 衣著配戴──長者所穿的褲子勿太長，鞋的底部要防滑。視力日差時，應速往眼鏡店配戴適當的眼鏡，以便能看清楚家中的事物。若需要坐輪椅時，應教曉護老者及家人使用。

- 姿勢轉換──避免姿勢的快速轉換，如睡姿、坐姿改為站姿時不宜過快。夜間如廁時，應先緩慢坐起再步行。如感到頭暈不適時，應告知家人請求協助。

- 防跌拐杖──行動不方便的長者，可借助拐杖、助行器等輔助用物，必要時可使用輪椅。服用某些藥物時，也應防範跌倒，如降血壓用藥、利尿劑、緩瀉劑、鎮靜安眠藥等。

- 保健運動──長者還需注意日常的保健，多做下肢膝力練習，如水中慢走、健走、直抬腿運動等。

② 安全用藥防跌倒

「長者跌倒」的問題在香港十分普遍，情況令人關注。跌倒的原因除了是失去平衡力、滑倒或雜物絆倒外，服用的藥物亦可能是「罪魁禍首」！年輕力壯的讀者不妨留意身邊的長者有否服用以下幾類藥物，而這些藥物均能直接引致跌倒的情況發生。

直接引致跌倒情況的幾類藥物

影響中樞神經的藥物會減低服用者的警覺性及反應時間，令平衡力變差，引起暈眩、精神錯亂、幻覺、視力模糊及昏昏欲睡等，如抗精神病藥、抗抑鬱藥、抗癲癇藥、安眠藥、鎮靜劑、含抗組織胺類的止敏感藥等。其中抗精神病藥更可引致步履不穩，令長者更易墮進跌倒的陷阱。

- 減低血壓或心臟輸出量的藥物——可引起服用者頭暈，從而增加跌倒的風險，例子有屬 β 受體阻斷劑的血壓藥。
- 導致姿勢性低血壓的藥物——可引起服用者頭暈，尤其是當服用者的身體改變位置時（如由蹲下到站立），更易站立不穩，例子有屬 a 受體阻斷劑的血壓藥（或用作前列腺藥）。

- 降低血糖的藥物——如病者服藥不能配合進餐的時間，很容易因血糖過低而造成暈眩、無力，容易跌倒等，例子有含磺胺脲類的糖尿病藥。
- 利尿藥——俗稱「去水丸」，長者往往因服藥後頻頻上廁所排尿而摔跤。

其實長者服用以上藥類十分普遍，大家毋須過分擔心。以下是藥劑師給各位長者的服藥「小貼士」：

- 遵照藥物標籤上的指示服藥——不要因錯過服藥時間而加大下一次的劑量；
- 不可擅自服用他人的藥物——服用成藥前先徵詢藥劑師的建議，以免因藥物相互作用而增加跌倒的危險；
- 留意服藥後的變化——每當醫生用新處方開出功效相似的藥物，或加大藥物的劑量時，又或長者正在同時服用以上藥物時，應多加留意身體狀況的變化，以免因藥物副作用增大而引致跌倒。

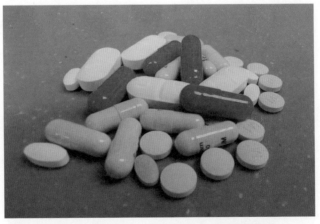

藥物的影響力不容忽視，護老者應時刻提高警覺。

心靈

　　長者如在社會節奏、生活習慣、語言溝通、人際關係等細節存在不協調的問題，容易導致出現負面情緒及態度，影響生活素質。作為專業護老者也好，關懷父母、祖輩的後輩也好，甚至希望日子過得較好的長者自己，都要正視心理調適，這樣才能為長者的生活加分。

1 正視長者心理問題

如何發現長者的心理問題？

請參考以下的觀察點：

- 經常有消極思想及缺乏解決困難的動力；
- 做事固執，不願變通，亦拒作妥協和調適，以及與「彈性」處理為敵；
- 經常回憶及強調自己過去的輝煌成就，以及對妻兒／家庭及社會的重大貢獻；
- 不願與親戚鄰舍及朋友交往，喜自我封閉，完全拒絕社交應酬，當然更不願互相傾吐心事，分享意見；
- 謝絕參與同齡朋友，如老人中心的活動，使生活完全缺乏生氣，變得沉悶，更遑論加添姿采；
- 不願活動四肢，完全抗拒以運動助身心發展，因而變得暮氣沉沉，人也失去光彩；
- 放棄從前喜愛的活動，更談不上培養嗜好以助消閒及使精神有所寄託；
- 怕與他人交往，更可能逃避親友，使社交圈子日益縮小；
- 拒絕關心社會，不願關懷及幫助別人，怕因此而令自己有任何損失；
- 不願進食，喜偏食或暴食，因而失去飲食之均衡及定量，使健康日差，情緒也受影響而變得波動；
- 遇有不快樂的事或情緒受困擾時，多埋藏心底，不願向親友或專業人士求助，以致經常有「心有千千結」的困惑。

免疫能力減低、
血液循環減弱

增加痛楚、
呼吸困難

悶悶不樂的後果

面對晚年種種轉變，家中的長者可能難以適應。他們經常面帶愁容，感到自己對家庭沒有貢獻。因需家人照顧引致負累而感內疚；因社交生活減少，缺乏友儕關懷而漸漸忽略個人衛生；因長期獨處家中、與社會資訊隔絕及「腦袋」不勤而目光呆滯。

不可不知，不苟言笑會引來下列疾患：

- 免疫能力減低──若長者經常苦着臉，令體內白血球減少，因而減弱體內的抗體循環，使免疫能力減弱，病菌容易入侵。不苟言笑亦可減慢血液循環，減弱新陳代謝，使長者易被病害所困。

- 迅速變老──由於長者每日愁眉深鎖，人會感到緊張，肌肉無法放鬆，縐紋自然會多起來。由於壓力無法釋放，易打瞌睡，腦筋會欠靈活，人看起來就會較衰老。

- 增加痛楚──據研究發現，笑是最佳的止痛劑。若長者整日污雲滿天，不見笑容，絕不能緩和體內各種疼痛，對一些罹患風濕、關節炎的長者來說，其痛楚更感明顯。

- 呼吸困難──對患有慢性呼吸系統毛病，而恐會影響健康的長者來說，若整日擔憂而哭着臉，定會使病情惡化。因為笑可使長者張開口鼻，吸入空氣中的氧氣，呼出二氧化碳，尤如進行一個短暫的有氧運動，對治療肺部疾患有一定治療作用。

- 不利心臟──既然笑可使血液循環增加，如長者緊閉雙唇而不願開懷，結果使血液循環減弱，增加血內的膽固醇積聚，因而增加血管的負荷，引來心臟病患危險。

因此，要活得開心，長者要主動開懷。要知道：笑聲會傳染，一個人開始笑，漸漸有更多人陪着笑。但如果一個人開始哭，通常最後的情況是只有他一個獨自流淚悲哀。

孤獨和失落

許多長者感到孤獨、失落，會有以下的行為表現：

- 經常抱着「年老無用」及「等待死亡」的負面思想，每日總與悲觀與消極為伍。
- 抱着「人已老，腦已勞」的思想，暮氣沉沉，失去活力，拒絕讓腦袋參與任何思考的工作。
- 自行與世隔絕，亦不願與家人傾談及相處。
- 永遠與微笑絕緣，面上總掛上愁容與苦楚。
- 經常睡眠不足，亦不願多作休息。
- 永遠逃避壓力，也擺脫不了壓力，視壓力如大禍臨頭，永遠垂頭喪氣。
- 喜進食高脂食物，視運動如畏途，每日只會呆坐。
- 每次生病不願就醫，總是用身體力抵疾患。
- 每日工作過勞，亦不找機會休息，永遠以為工作是緊迫不堪。
- 心情緊張、悲觀及經常自責，視親友如猛獸，絕不願參與群體活動，而選孤獨生活渡餘生。

開懷大笑的裨益

據研究顯示，大笑無論對生理及心理健康方面，都有極大的裨益作用。

- 在生理方面，當長者大笑時，肺部會擴張並吸入大量空氣，令呼吸更為順暢，因而起着一定的運動功能，促進心肺的健康。假若長者每天可開懷大笑 100 次，相等於做 10 分鐘的擴胸運動。而笑亦能減輕曾接受手術者的痛楚，因為笑可使腦部分泌出一種鎮痛的物質，減輕病人的痛楚，所以，笑是長者一種不費吹灰之力可做的運動。
- 在心理方面，當長者開懷大笑時，他的注意力自然有所轉移，能暫時將生活苦惱帶走，將身體不適的苦痛忘掉或減輕，加快康復或令疾患減慢惡化，起着一定程度的治療作用。

為保健康，長者每日不妨大笑、狂笑、盡情笑，放鬆情緒，輕鬆面對壓力，藉此加強活力及體質，使身心舒暢，作出強身健體的防病治病行動。

② 自動毀滅健康

　　我們若要身體健康，不但要身體無病無痛，而且還要心理與情緒、社交、閒餘排遣，甚至儀容也必須健康、整潔……才算得上是真正健康。要得着此理想，你必須戒絕下列生活方式，才可有健康和快樂的晚年。

暴飲暴食	飲食不定時、時飽時餓，喜歡吃的就捨命而去，肥膩、油炸、過甜、過鹹及過辣等食物，照食如常。
運動無量	不願活動四肢，只管每日呆坐；或過份運動，不顧體能，且過度疲勞；作息亦無常，使身體虛耗而不理。
自我隔世	不願與家人或朋友接觸，放棄以前活躍社交活動，自困室中；或敵視親友，令人畏懼遠離。
不願工作	自感無用、怕失敗、挫折，連家務工作也不管。
毫無興趣	視生活興趣為煩擾，花錢花時間兼且勞神，只願每天空白過，看似靜候死亡來臨。
不願與人溝通	每有心事，只存心中，自我心中困；別人關心，視之無物。
拒絕轉變	每日眷戀過往生活，不願接受新轉變、新事物、新環境；思想固執，別人的提議永遠行不通。
不知珍惜	對週遭不滿，對現有的存敵意兼且挑剔，兒孫相伴及經濟無憂，仍有怨懟。
不再學習	全無「終生學習」的念頭，不願學習以應晚年生活需要。
不重儀容	放棄體形、儀容及服飾的關注，自暴自棄，照鏡頓失自信，亦令人抗拒。

以老賣老	認為長者應被尊重，以長者第一心理，而怒視社會。
思想狹窄	長期不用腦袋，或不願意留出思考時間，導致個性和身心衰退，不願豁達，更不願自我檢討得與失，自我封閉。

③ 心理調適重細節

未雨綢繆應對問題

退休後的長者會覺得不再受社會或家庭成員重視，並在老化過程中，健康的困擾及子女成長後脫離家庭獨立，更加深了他們心理上的擔憂和無助感。

如何未雨綢繆地應對長者可能出現的心理情緒問題呢？

- 退休前應鼓勵長者參加坊間福利機構舉辦的退休前準備講座，讓長者明瞭日常生活轉變所帶來的一切適應問題。

- 積穀防飢，經濟準備至為重要。退休前讓長者多儲蓄，如參加定期存款計劃，而退休後如何作一個明智的消費者，以及控制「衝動式」的消費行動也是重要的。若經濟許可，可考慮一些投資保值的計劃。

- 無論何時，保健強身都是重要的方法。應鼓勵長者關注健康的轉變，及早作出防病治病的行動；養成適體運動及均衡飲食習慣，是長者保持活力的好方法。
- 保持活躍，長者要多參與社團活動，擴大社交圈子，避免因退休後而失去朋友。亦應鼓勵長者重新發展興趣並參與義務工作，令「精神」有所寄託。長者還要留意時事和新聞，不致與社會脫節。
- 鼓勵長者參與家務，如買菜煮飯、接送孫兒往返學校等，有助長者建立自信心及享受天倫之樂。平時應多給與電話慰問、茶聚以及喜慶的日子應與長者一起慶祝。

解開節日憂鬱

對一些剛失去老伴，而子孫又不同住的獨居長者，在佳節將近，家家戶戶歡慶時，長者通常會自怨自艾，不斷懷念以往與家人歡渡節日的時光，頓時感到情緒甚為低落，而有「節日憂鬱」的問題。那麼，有何方法幫助這些長者敞開心扉，驅走憂鬱，共渡佳節呢？

- 每逢節日前後多向長者表示關懷，增強他們被關懷的感覺。當然，烹調長者喜愛的食物、購買長者喜愛的東西如小擺設等，都可以讓長者開懷。
- 陪伴長者探訪久未接觸的親友，或與長者一起參加團體舉辦的節日慶祝活動，鼓勵長者多參加老人中心的活動，或其他一些義務工作，讓他們關心別人，仍然擁有活躍的社交活動，既利己也利人。
- 若長者行動不便，多鼓勵長者培養一些生活小情趣，如種花、聽音樂、彈樂器或閱讀等，幫助他們將注意力投注到感興趣的活動，而不是自怨自艾。另外讓他們致電與遠方的親友及孫兒聊天，這樣也能增添長者的歡樂。
- 藉着節日普天同慶的氣氛，不妨於家中作出節日的佈置，播放一些有關節日的音樂與影帶，好讓長者感受更多的歡樂。

輕生心理

家中的長者若患有慢性疾患，屢醫無大效，或至愛親友死亡、關係破裂而無法適應時，會使情緒大受打擊、極度沮喪。若長期處於這種極度抑鬱、萬念俱灰的狀態，家人和護理者必須及早留意，識別長者是否有自殺的徵兆，以防止悲劇發生。

- 長者可能經常直接透露輕生的念頭，如對家人說，「花費家人米飯」、「累人累己」、「廢人一個」、「阻住地球轉」等。
- 長期莫名其妙的不快樂、經常失眠、茶飯不思。
- 對早已養成的興趣、人與事全提不起興趣與關心。
- 性情溫和的長者可能變得暴躁。
- 暴躁的變成默默無言。
- 喜好交際的變成「足不出戶」、怕見人。
- 放棄自己，禮儀盡失。
- 突然拒絕吃藥物，或經常要求去看醫生。
- 一反常態，將常掛在口邊欲想做而未能完成的心願，不尋常地很快地完成，如致電遠方親友問好。
- 長者主動地立下遺囑及詳盡安排一切後事。

如有這些跡象時，長者可能已經探索死亡的方法，如弄開窗花、購備有毒物品等。家人除要加倍關心和慰問外，還應向有關的福利機構求助。

④ 重建活躍社交生活

隨着年齡的增加，加上退休多年，你可有感到周遭的朋友日漸減少嗎？如何重新建立社交網絡，予新認識的朋友留下深刻印象，以利日後的交往是非常重要的。下列提議的方法，大家不妨作參考：

- 時刻保持微笑，以示對別人友好、和藹及可親的感覺，否則給人拒人千里及冷冰冰的錯覺。

- 為對別人尊重，與別人交談時除帶笑容外，態度要親切，而且也要和對方有眼神的接觸。
- 若你感到很不自然時，在語言及行為上需表現開放、樂觀得體，以示你的教養與儀表。
- 與新認識的朋友，宜言淺，應避免交淺言深的毛病，及勿要求彼此有深入的溝通；要知道，友誼是要慢慢地建立的。
- 在交談時，我們宜盡快找出對方的興趣所在，投其所好，把話題集中在對方身上，以示對此位新認識的朋友尊重。
- 宜經常有幽默情操，於言談間加上一些笑話、一個幽默，可緩和新認識時未熟落的感覺，添加歡愉的氣氛。
- 注意言談間勿道他人是非，說人私隱，以敗壞別人對你的印象。
- 勿持過往成就而自以為是，心高氣傲，而輕視對方的成就，應以誠心誠意的談吐與風度，和新認識的朋友交談。

若大家持之以恆，留意以上相處之道，定會贏得不少友誼，繼續可保持活躍的社交生活。

⑤ 寬慰長者的心靈

學會與長者溝通

與長者溝通時要注意以下要點：

- 語速要慢，咬字清楚──對長者說話時，速度要慢，咬字要清楚。說話時，要讓長者能看到對方的面部表情及口型，同時還要與長者有眼神的交流。換句話說，勿在長者背後說話，或在長者身邊大聲叫喊。
- 意思簡單、清楚──家人和護理者說話要短，意思要簡單、清楚，切忌冗長、複雜、繁瑣。當長者正在思考時，護理者要有耐性靜候長者的反應，讓他有足夠時間去構思說話的內容，而不要輕易地打斷長者的話語。
- 借助其他身體語言──若長者說話有困難時，護理者需接納長者以其他任何方法作出溝通。護理者可鼓勵長者用手勢或其他身體語言去表達；勿要堅持長者說話完美，不容錯失的過高要求。更不要害怕長者說話太

過艱辛,而急於代替他們說話,這樣只會打擊長者的信心。除了要接納長者現在的溝通能力及狀況外,還要幫助長者接納自己的能力。

- 多做鼓勵、肯定——護理者不要對長者有不切實際的期望,更不要向長者提及長者以往的說話能力,或以他的表現作為笑柄,甚至與同類情況的長者作出比較,這樣只會刺激、傷害長者的心靈。

在照料長者的過程中,護理者和家人常常存在與長者溝通等難題,尤其是長者因中風後而出現理解力和表達力出現問題時,這些問題就更明顯。

總的來說,不論長者是否有進步,護理者應該看到並欣賞長者所做出的努力,要多作讚賞以幫助長者培養更大的信心。

話語勝過一切

有時候,一句簡單的話語勝過一切。多說一些溫暖的、鼓勵性的話語,可以大大地寬慰長者的內心。

- 工作之餘,不妨打個電話回家,對家中的長者說一聲:「沒甚麼特別的事,只想聽聽你的聲音。」
- 當長者情緒低落時,可對他說:「無論你怎樣,我會盡心盡力照顧你。」
- 有時,不妨拉着長者的雙手,對他說一句:「你是我最敬愛的人。」

- 擁着他的雙肩，真摯地對他說：「只要你快樂，其他東西都不重要」。
- 當長者被病痛折磨時，要對他說：「不管你將來老成怎樣，你依然是我最疼愛的人。」
- 整天陪伴長者後，可不經意地對他說：「和你在一起，總令我忘記時間的存在。」
- 外出公幹時，可致電家中的長者：「此刻我很掛念你，請為我好好照顧自己。」

雖然有些愛意的表達略嫌肉麻，但往往能起到意想不到的效果，譬如：
- 「任何時候、任何情況，只要你有需要，我會盡力照顧你。」
- 「我願意愛你，照顧你、愛護你，一生一世。」
- 「只要我所愛的你能夠平安活下去，我就別無所求了。」

⑥ 臨終服務的妥善安排

　　一旦知悉長者之頑疾治療無望時，護老者必須接受事實，尋求專業人士協助，如主診醫護人員、社工及親友，與他們討論。而長者本人也要於臨終前，能夠渡過否認、憤怒、自責、情緒化等幾個階段，真真正正地接受死亡的事實。

　　若護老者未能面對至親將離世的事實，將會被哀痛、迷亂所困擾，這樣只會加重苦痛，怎能很好地照顧病弱者呢？

　　病危的長者可能會終日不發一言，護老者不應與他一同否認事實，這樣只會剝奪他了結心願的機會，亦會帶給他無限的苦痛與徬徨。

　　護老者可多作陪伴，不妨常作身體接觸，如輕輕拍他，以表示諒解他的情緒。需知長者不願接受現實是可以理解的，護老者宜多與他傾談，細心給他解釋，以平伏其波動的情緒。

　　若長者表示尚有心事未了時，不妨與他討論，看是否可助他達成願望，或助他作出妥善的安排。此時臨終者多會檢視自己的一生，要關注他的情緒及心願，給予支持、諒解及鼓勵，這一刻對他而言是很重要的。

　　若長者接受死亡的來臨，可與他討論死後的安排，如遺囑、貴重物品及財產的分配，以及一切殯葬及殯儀的安排，以助他參與及依他的意願處理身後事。

　　護老者在長者走過人生最後的日子時，助其減低哀痛，作好為生命的終結劃上句號的心理準備，使他能無任何記掛地離世，應是最合適的結果，護老者亦可免除因感照顧不周而自責，以及由於無法補償而有的「失職」感。

多與長者傾談，可平伏其情緒，並予以安慰。

❼ 應對親友離世的心理調適

一旦長者離世，在世的親友要參與辦理死者的身後事，於靈堂瞻仰遺容、向下葬的棺木撒下一坏土。正視及目睹長者真真切切離去的事實，這樣有助減輕創傷。

若感到情緒十分激動，可以痛哭一場，以宣洩情緒，讓哀痛過後能重新振作，千萬不要強忍哀傷。一旦心結未解，問題反而更加嚴重。

收拾長者遺物也可將散亂的記憶和情緒重新整理，理智地治療哀傷。不妨將大部分遺物丟棄，只保留一些有紀念價值的東西，以進一步平伏心情。若經濟能力許可，也不妨覓屋遷居，以助離開傷心地及睹物思人的思念感。

喪偶者若感到太惦記死者時，可找好友傾談，分擔哀痛，將內心抑壓宣洩出來，也不妨培養一些以前想學而無時間學習的興趣，以助將心情轉移。在一些特別的日子，可以給死者寫封信、寫張卡，記下他離世後自己的生活，以明白在沒有老伴的日子中，自己也可以獨個兒好好地過活，有助於接受事實，理清思緒，面對獨身生活。

事實上，失去老伴後，長者要無了期地孤獨面對一切，感受到衰老、體弱、病痛、親友去世、子女遠離的淒蒼，這確實是人生最艱辛的旅程。心靈的寂寞只有愛才可以填補。護老者雖然可給予愛心與關懷，但無論任何人，都不能取代伴侶的深切和周到的關愛。因此長輩喪偶再婚，法律是不會阻止的。每個人都有權選擇他的生活方式，為長者的晚年幸福，對老者的選擇千萬不要橫加干涉。

健體篇

　　運動可減少患病的機會。適時適量的運動，可有效維持長者的身體功能正常運作，有助於加強長者的心肺功能，促進血液循環，減低患上糖尿病、心臟病、高血壓、結腸癌等惡疾的機會。本篇介紹長者參予運動時的特點，使長者可以把握各項細節，自助自強，延年益壽。

① 運動面面觀

運動讓身體舒暢

由於四肢得以運動，長者的肌肉及關節也因此得到鍛鍊，因而減少了患骨質疏鬆的機會，關節的靈活程度也因此得以強化。當然，藉着運動長者還可以消耗體內多餘的脂肪，有助於控制體重，避免脂肪積聚。而且長者還可通過運動，認識同齡及有着相同興趣的朋友，拓展社交圈子，建立良好的人際關係。

長期不運動加速老化

長期不運動的長者，肌肉會變得柔弱、鬆弛。而且長期運動與長期不運動，其體內脂肪量也不一樣。有人曾做實驗：第一天晚上，運動和不運動的人都不得進食晚餐，到第二天早上，給他們進食同等量的乳酪。結果，通過檢查他們的血液發現：經常運動者在 4 小時內，血液中的脂肪量即已下降；不運動者卻要 10 小時以上，血液中的脂肪量才能逐漸下降。這充分證明，不運動者由於無法消耗脂肪，脂肪因此只好囤積在體內，長久以來，自然成了胖子。缺乏運動的長者，骨骼結構越趨脆弱，自然老化也會較經常運動者快，而經常運動者由於運動加速新陳代謝，故較能夠保持活力及身體舒暢，自然也看起來更年輕。

長者做運動適宜
循序漸進，結伴
參與建立興趣。

② 運動五要

- 要持之以恆——很多長者都知道，運動要「持之以恆」方能有效，惟如何能有此「恆心」，以達到運動的效果呢？這是要費一番心思的。

- 要結伴同行——多與志同道合的朋友一起做運動，因為志趣相投，可彼此鼓勵，遇到困難時亦可互相幫助。運動時能有伴，有說有笑，不會感到運動是沉悶的行為。

- 要多項運動——長者可選擇自己喜愛的運動，也可消除運動項目單一、枯悶、乏味的感覺。

- 要興趣為先——從運動中多培養興趣，長者絕不可視之為每日例行公事，應以建立健康為根本，從中尋找自己有興趣的運動，並將其視作起居生活一部分，長期持續下去。

- 要循序漸進——訂立短期目標，按部就班地運動。即是說長者勿期望運動可起到立竿見影的效果，宜訂立短期目標，如克服運動初期的疲累等。按部就班完成每一目標，不但可培養長者的信心，推動繼續運動的決心，還可感受運動的效果。選擇適合的運動，以免因難度太高或引來危險而放棄。讓身體體能適應後，方可考慮增加運動量，以達到強身健體的作用。

③ 運動前要作身體評估

　　長期「四體不勤」的長者，在初次進行運動鍛鍊時，最好先諮詢醫生的意見。因為老年人的心肺耐力和肌力減退，且活動靈敏性、反應性也變差，容易發生跌倒等意外，尤其患有某些慢性病的長者，擅自隨意參加運動，很可能會造成不良後果。

　　若長者患有高血壓、心臟病、糖尿病、關節炎、腰肩頸酸痛、手腳關節急性扭傷等健康問題時，應即往就醫診治，並由物理治療師指導合適的運動方法、運動強度及注意事項。

　　初次運動的長者，可參照以下摘錄自「美國運動醫學會」的問題評估：若均無下述情形，可以從事輕度到中度的運動；若有任何一個答案為是，則必應請教醫生後再進行運動。

- 是否有醫生曾告知心臟有問題，或進行運動前應請教醫生？
- 在做運動時，是否出現胸部疼痛？
- 上個月是否曾在周末運動時發生胸部疼痛？
- 最近是否有服用醫生處方的高血壓或心臟病藥物？
- 是否曾頭暈、失去平衡或失去意識？
- 是否存在骨刺的問題且會因運動而惡化？
- 是否知道自己有任何理由不能做運動？

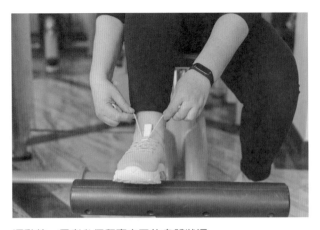

運動前，長者必須留意自己的身體狀況。

妥善預備運動用品，
令運動更輕鬆自在。

4 運動裝備要齊全

運動服	運動服應選擇透氣、吸汗的，不但可及時吸去汗水，不致使長者汗流浹背，導致着涼，而且還可幫助長者將身體散發出來的熱氣，更易散發體外，使身體長期保持乾爽。
毛巾	長者任由運動時流出的汗水留在皮膚，不但容易着涼，而且汗水發出的異味，也會令周遭的人嫌棄。一條乾爽的毛巾可幫助長者拭乾汗水，使長者身體乾爽、避免着涼。
運動鞋	長者的運動鞋宜選擇輕便、防滑兼透氣的鞋子。同時，長者必須穿上厚的、吸汗的襪子。防滑的鞋子可使長者不易跌倒，而襪子可防長者腳部直接與運動鞋磨擦，使腳免受傷害。
清水	長者必須謹記，若連續做 1 小時運動，須補充水分，以預防流汗所致的水分流失。據資料顯示，每做完 20 分鐘的運動後喝水，可以增進體力，也可應付運動之需要。
小腰包	小腰包可裝載長者的必須日常物品，如鎖匙、身份證、長者咭及碎銀等。運動時，長者切忌隨身攜帶太多及太重的物品，以免加重身體的負擔。
隨身聽耳機	當長者做一些較沉悶的運動動作時，如健身單車，倘能一邊聽音樂、一邊做運動，可令長者在不知不覺間，不感到時間的溜走，也不會覺得運動的艱辛。

⑤ 選擇適合的運動項目

簡單來說，長者必須按年齡、體質及運動習慣，選取適合其需要或運動量較少的運動，並且還需在醫生的指導下進行運動，以此預防高血壓、糖尿病等疾患的侵襲。

可供長者選擇的項目

- 緩步跑——緩步跑是可以增強心肺功能的至佳運動，惟需量力而為及控制運動的速度。雖然，緩步跑是一項較溫和的全身運動，但長者還是應該在每進行 20 分鐘鍛鍊後進行休息。
- 游泳——游泳是一種不負重量的運動，對患有關節及背痛的長者最為有用。長者宜採用蛙式或自由式作慢泳，下水前切記進行熱身。
- 太極——太極可促進經絡運行，有行氣活血及寧神、靈活關節之功效，由於它屬有氧運動，長者即使長時間打太極，亦不怕加重心臟的負荷。

- 體操——由於體操動作較為柔軟，故運動量較低，比較適合長者進行。而且其對長者舒展筋骨、紓緩關節痛楚有一定的作用。
- 乒乓球——乒乓球是很多長者酷愛的運動，此項運動不但可增強長者的反應、心肺功能，而且還可幫助鍛鍊手及腿部的肌肉，保持關節的靈活性。打乒乓球時，長者的「馬步」必須穩健，避免跌倒。

選擇項目因人而異

- 腦力勞動者——四肢不動，整天伏在案頭工作的長者，極易患上神經衰弱、高血壓、心臟病、糖尿病、胃病、消化不良、便秘等疾患。這類長者宜選擇一些全身運動，以增強心肺功能，如步行，游泳、行山等運動。
- 體胖的長者——為防止脂肪積聚，影響健康，此類長者可選擇柔軟體操、步行、下樓梯、游泳或騎單車等運動。
- 瘦削的長者——若體質許可，此類長者可進行俯臥撐、引體向上或器械體操等運動，用以增強肌肉力量。體力較差者，可進行體操、緩步跑、游泳等項目，藉此加強消化吸收功能，增強體質，壯實肌肉。
- 體弱多病者——由於體質差的關係，此類長者實不適宜作一些劇烈的運動，宜按部就班，從運動量少、緩和安全的運動開始，如太極拳、六通拳、散步、保健體操等，待體能適應後，再慢慢增加運動量。

❻ 慎防運動傷害

慢性病患者運動的注意事項：

- 糖尿病患者——避免早上空腹時立刻出外晨運，或者從事過分激烈的運動；應該在飯後 1 小時後，或是有人陪伴的前提下才可運動。胰島素注射者必須循序漸進地運動四肢，勿過於劇烈，以免一旦運動量太大，胰島素吸收快，造成血糖過低。

- 高血壓患者——冬天早晨溫度低，天氣較為寒冷，長者應避免太早出門運動，並且要注意保暖。血壓較穩定者可以從事慢跑、快走、騎單車、游泳等運動；血壓控制不穩定的，則適合散步、體操等較溫和的運動。

- 心臟病患者——長者開始運動時勿操之過急，應循序漸進，以「運動、休息、再運動」的間斷方式，慢慢增加運動量，天氣寒冷時應避免運動。有心臟手術病史的人，請先經醫生評估後再進行運動。

- 骨質疏鬆症患者——患有骨質疏鬆症的長者，適合從事溫和及負重狀態輕的運動，如散步、慢跑等，避免跌倒而造成骨折。運動時要確保步履穩定，以防跌倒。

- 其他——退化性關節炎患者不適合爬山或走長距離階梯，可選擇無負重狀態的運動，如游泳、騎單車等，更要避免有些關節的過度運動及受壓。視網膜病變患者應避免跑步、舉重等激烈運動，經鐳射手術治療的患者要先得到眼科醫生同意才能運動。腦中風患者必須在醫生或物理治療師的指導下，才進行運動。

事實上，任何年齡及體質的人士都可以做運動，當事人應該了解自己的體質與能力，並在醫生或物理治療師的指導下，做一些適體及適量的運動。

避免空腹　　　　循序漸進　　　　適當選擇

安全運動小錦囊

- 長者運動前要有充分的伸展與熱身運動，運動後亦勿忘記作舒緩肌肉之活動。

- 當長者感到疲倦時，不應再作劇烈運動。

- 運動時，若出現頭暈或嘔吐等不適時，應即時停下休息，留意不適的發展，並告知護理人員。

- 長者勿存好勝心，要量力而為，安全至上。

- 注意正確及安全運動方法是必然的要點。

- 若長者遇到意外，如滑倒或極度不適，包括面色大變、發冷、心跳劇烈及頭暈嘔吐等現象時，應立刻往急症室求診。

103

❼ 運動須知

運動貴在堅持

　　事實上，運動時間的長或短，完全取決於長者的個人體能。有長者可以每日做 2 小時運動，但有人只做 15 分鐘便足夠。無論如何，運動帶來的效益取決於是否有「心」，時間的長短其實並不重要，反而能持之以恆才是顯現成效的關鍵因素。儘管長者每天只做 15 分鐘晨運，但若風雨無改，也可以收到很好的效果。

　　根據美國醫學會的專家指出，維持人體的健康要素，適量的運動與營養同等重要。專家發現，每天急行 30 分鐘，有延年益壽之功效。而他們進行的一項為期 8 年的研究亦顯示，那些持續性地做適量運動的人，死於心臟病或其他疾病的機會，比那些不做運動的人士低。研究更指出，無論調查對象健康與否、吸煙或不吸煙、罹患高血壓或高膽固醇與否，都可從運動中得益。專家指出，缺乏運動的人壽命較短。另外，那些患有高血壓、高膽固醇或吸煙的人，若有經常做運動的習慣，會比那些沒有運動習慣的人死亡率低 15%。

　　可能很多長者都有運動的習慣，惟總覺不見帶來任何效益，這時就要檢討一下是否存在以下運動不足的問題。

運動量小	長者只會隨意踢踢腿、扭扭腰或略伸展雙手，便算作運動。
即興的運動	長者可能並無運動的習慣，可能想到時才去運動，而此次的運動，可能與上次已相隔一個月多了。試問這樣的頻率，怎會帶來效果呢？
運動的動能不足	若長者只作輕微的運動，而不達到流汗、心跳及呼吸加速的效果（注意體弱及心臟病患者必須諮詢醫生的意見），運動的功效是不會太大的。

據資料顯示，為能保持健康，長者一定要養成運動的習慣，一般建議每星期最好保持 4 至 6 天運動，每天運動 30 至 60 分鐘最有益。要持之以恆，勿一時興起，以免因一時劇烈運動引來心臟病發，甚至猝死。開始以運動作強身的長者，宜先讓醫生評估合適的運動量，方可按部就班開始。

晨運前應略進食

清晨運動是許多愛好養生、希望延年益壽長者的習慣。這些長者多於早晨梳洗後已出外運動，而忽略空腹做運動可能會引來血糖低而出現頭暈的危險。

據資料顯示，人在清晨起床時，血糖往往處於一天中的最低狀態。此時，長者若進行運動，必會消耗體內肌肉和肝臟糖元。據悉存於人體內的糖元總量共約 300 至 400 克。倘這些糖元全部氧化可產生 1,200 至 1,600 卡能量。因此，若長者空腹時進行較長時間運動，有可能消耗大量存於體內的糖元，而出現低血糖現象。這時長者很容易出現頭暈、噁心、眼發黑、全身乏力，甚至出現胃飢餓性收縮，引來胃痛。

故長者不要在清晨空腹時，進行較長時間消耗熱能（如跑步等）的運動，可以選擇一些短暫性步行，或耍太極拳等運動，時間約為半小時左右。體力較弱的長者，則應事先吃少量食物，如兩片餅乾或半個麵包，以防血糖太低而引起身體不適，帶來運動的反效果。

霧天、摸黑不宜運動

春天早晨，當冷暖空氣相遇時，很容易產生霧氣，在空氣質素日漸轉差的香港，長者實不宜在霧天運動。

霧是由無數細小水珠組成，當中可能包含着一些可溶性有害物質，如各種酸、鹼、鹽、胺、苯、酚等，同時還滋生着一些有害的塵埃及病菌、病原微生物及異種蛋白等。故以香港空氣污染的嚴重情況而言，霧中含有有害物質相對較多。

當長者在霧中跑步或做較為劇烈的運動時，極有可能吸入大量沾有有

害物質的空氣，因而可能引來氣管炎、喉炎、眼結膜炎及一些過敏性疾病等。

摸黑做運動也是不適宜的。清晨太陽未出時，山林的空氣質素較差，而綠色植物在缺乏陽光的情況下，是無法進行光合作用而釋放出大量的氧氣。因此，長者在此漆黑的環境下做運動，是很容易出現身體不適，甚至誘發各種疾病。

若長者患有心肌梗塞、缺血和心律紊亂等頑疾時，由於清晨時分較易病發，故宜於早上稍後時間做些柔軟體操的運動。若長者睡眠不足或身體不適時，必須停止及休息。

別當「假日運動家」

運動有益健康是無庸置疑的事實，但平日裏家務繁忙而疏於「郁動」四肢，只等到假期的時後才可活動活動筋骨，就成為名符其實的「假日運動家」。

運動科學專家警告，假日運動最容易讓人在劇烈運動的時候，因未能及時適應而導致心臟病病發甚至死亡。尤其是在潮濕悶熱的天氣裏，稍不留意便很容易「中招」。

習慣於「休養」，或長期處於休息狀況的身體，倘突然做劇烈運動，身體多個部分包括肌肉、關節、心臟等負荷太重，會引來身體的諸多不適，而長者想要得到的運動效果也自然無法達到。

每週運動頻率

長者最適宜的運動次數是每星期 3 次，每次半小時。這一頻率，無論是對於心、肺及肌肉等部位均會比較容易適應。當然，當身體慢慢適應以後，長者可循序漸進地增加運動的時間。但當長者睡眠不足、身體疲倦、狀態不佳時，就必須要量力而為，適可而止。遇有身體不適，應請教家庭醫生，尋求專業的意見。

事實上，長者毋須專門選擇時間才做運動，日常的生活中也可以運動，如以行樓梯代替乘坐升降機，乘車回家時提早數個站下車，然後步行回家等等，這些日常生活中的運動方式，長者不妨一試。

冬日運動格外當心

嚴冬季節，長者進行室內運動時，宜穿着通風吸汗的衣服，並且適當地補充水分。無論如何，要保持室內空氣的流通，勿緊閉門窗，影響呼吸。當進行室外運動時，長者必須審視當天的天氣狀況，並及時添加衣物，以防着涼。氣溫下降轉寒時，應戴上口罩或頸巾。天氣惡劣時，長者宜留在室內運動，且量力而為。

呼吸要有道

在香港，當氣溫下降時，空氣可能較為乾燥，故當長者運動吸入乾而冷的空氣時，容易令喉嚨和氣管不適；所以，最好用鼻孔吸氣，以防冷風直入口腔。事實上，當冷空氣經鼻孔進入氣管時，可增加空氣的濕潤，避免氣管因大量冷氣湧入而不適，引來氣管炎。而呼氣方面，則可由口腔呼出。

運動時選喝溫開水

長者運動時宜選喝溫開水，因為冰水只會降溫，令長者更感寒冷。長者也不要喝含糖分的飲料，以免對腹部造成壓力，使運動時產生頭暈、想吐的感覺。

做好充分的熱身運動

冬日氣溫寒冷，尤其是清晨，當長者開始晨運時，身體的肌肉及血管會變得較為僵硬，欠缺柔軟度，若貿然運動，不但容易扭傷，還會令心臟無法承受而出現呼吸困難，並引來暈倒的危險。故冬季運動前要先做 15 至 20 分鐘的柔軟熱身運動，舒展筋骨、肌肉，並使心臟適應，以應付進一步的運動。

伸展的熱身運動，
能減低受傷風險。

衣著舒適，注意保暖

長者最好不要穿厚厚的衣服做運動，而應選擇多層的衣服，這樣不但可使四肢靈活活動，而且感到熱時，也可適量脫掉衣物，免使身體受涼。同時，運動衣物應以吸汗、寬鬆為佳，當然不要忘記腳上也應穿上舒適的襪子。

補充足夠的水分

冬天做運動一樣會使水分流失，故長者勿忘補充適量的水分，以便能促進身體血液循環，尤其是進行較長的運動如行山時，更是如此。

保護皮膚以免曝曬

在乾燥及寒冷的氣溫下，長者最不宜在陽光下曝曬太久，因為這樣很容易使皮膚受傷或爆裂，故要避免在陽光下逗留太久並及時塗上潤膚霜。

要量力而為

長者要依據自身身體的狀況，量力而行地做運動。若有呼吸困難、氣促、心跳過劇、肌肉疼痛及面色有異時，應停止運動。若情況持續不適時，應儘早就醫。同時要注意身體的保暖，以防低溫症的出現。

運動前後

在不做運動的狀態下，長者的身體肌肉和關節較為僵硬，若突然作些猛烈的收縮或扭動，很容易令長者受傷；故熱身運動最要緊，同時亦可使心臟的跳動及呼吸暢順得以配合。熱身運動時，長者最宜穿著外套，先做些如徒手操的運動，以提升肌肉的溫度，然後才進行伸展的動作，以助身體適應如緩跑的運動量。

長者運動後，尤其在炎熱的夏天，一定想第一時間衝入浴室洗個痛快。殊不知，這可能會對健康造成極大的傷害。

長者運動後，心跳速度仍然甚為劇烈，血液依然在身體四處高速運行，此時腦部常出現血液供應不足的跡象。若長者藉用冷水沖身，希望能起到降溫的作用，是會使腦部血液更加供應不足而導致暈倒。

因此，長者在運動後應先用毛巾抹乾身體，靜坐 15 至 30 分鐘，使體溫「冷卻」，待心跳回復正常，使有足夠血液「泵」上腦部後，方可用水溫在攝氏 38 至 40 度之間的溫水沐浴。

運動中的相關禁忌

勿選負重鍛鍊	長者之肌肉因老化，多呈萎縮狀況，而且神經系統協調反應能力也較差，負重鍛鍊容易使局部肌肉負荷過重，造成損傷。
勿憋氣過久	憋氣時，胸腔內壓力驟然升高，使心臟負荷加重，血液迴流心臟不暢，易使長者有頭暈目眩甚至昏厥的問題。而血壓上升，亦容易使長者發生腦血管意外。
勿不停地運動	若長者不休止地運動，而不願停下來休息，會使身體負荷過重，在負荷增加過快、過大的壓力下，會增加心臟負荷，容易引起頭暈或心臟病發的惡果。
勿爭強好勝	長者勿與別人比高低而進行力不從心的運動，應要量力而為，心平氣和，愉快從容地運動。
勿太飽或太餓	飽食時，血液多流向消化器官以助消化；而肚餓時，身體的血糖成分會較低。長者若於此時做運動，定會帶來身體極度的不適。
對身體不適的徵狀切勿大意	在鍛鍊身體過程中，如感到脈搏太快、心胸鬱悶、頭昏眼花、心律紊亂時，應立即停止，否則會引來嚴重的後果。

運動後的飲食禁忌

運動可消耗長者多餘脂肪，幫助減肥，還可幫助長者鍛鍊體格，延遲衰老過早來臨。若運動後飲食上不稍加注意，也會對健康帶來隱患。

大吃大喝	不少長者總是認為運動時消耗了大量的體力，所以應該大飲大食以補充需要。殊不知運動後大吃大喝，導致攝取的熱量多於消耗的熱量，使體內脂肪積聚，引發肥胖，非但沒有起到減肥的功效，還有可能增肥。
以冰水解渴	運動後，身體體溫上升，身體發熱、口渴，長者此時如喝進大量冰水，冰水經過的器官，如喉嚨、食道、胃部等急劇收縮，導致血壓突降，輕則會引起上述器官絞痛或痙攣，重則引致長者昏厥。正確的處理方法應該是，長者運動後應先休息一會，待體溫回復正常後喝溫開水，且分量不宜太多。
多食甜品	很多長者誤以為由於運動時消耗大量熱量，故多吃甜品可以補充體力。事實上，運動後吃過多甜食常常會引來食慾不振，容易導致人疲倦不堪，影響體力的恢復。
暢飲啤酒	很多年長男士，均喜歡在運動後暢飲啤酒，認為此乃人生一大享受。然而，啤酒容易使血液中尿酸量急劇增加，當尿酸值過高時，會積聚在關節處刺激關節，造成炎症，引來痛風症的苦果。

忌大吃大喝

忌冰水解渴

⑧ 合理調配運動時間

　　運動時間和運動項目需根據季節變化，作出適當的變換和調節。夏天氣溫較高，患有心臟血管系統疾病的長者，應選氣候清涼的時間運動，並避免過分急劇的動作，可做柔軟體操、散步或太極拳等。冬天的天氣嚴寒，患有呼吸系統疾病的長者，如慢性氣管炎、肺氣腫、哮喘、冠心病等，在颳大風和天氣陰寒時，應停止戶外運動，因這時空氣中的含氧量和氣壓都有明顯變化，將會令呼吸系統疾病加重。

　　飯後最不宜運動，因血液會被調往消化器官，用以幫助消化系統的工作，如同時又要支持肺部運動，則使消化系統的支援不足，經常如此，則會引起腸胃病或消化不良等。因此，長者在飯後 1 至 2 小時運動會較為有益。

長者應於夏冬兩季選擇適當的運動，以免影響身體。

⑨ 長者最佳運動項目

好處多多的步行

　　許多長者認為只有年輕人那種蹦蹦跳跳的方式，才能起到強身健體的目的。其實這是一種錯誤的認識，平緩的運動如步行，一樣可以強身健體。

　　步行可增強長者的血管彈力，減少血管壁破裂而導致的腦溢血及中風的可能性。步行可增加四肢的運動量，強化長者的肌肉力量，促進血液循環，保持新陳代謝的功能。同時，步行對患有關節炎及肩周炎者亦有裨益。

　　此外，步行亦能幫助長者減少體內脂肪，降低血壓；還能減少激素的產生，以及過多的腎上腺素所引起的動脈血管疾患。據醫學界人士表示，若長者能善用步行作出運動的效果，是可以幫助預防心肌梗塞、肥胖與骨質疏鬆症的。當然，長者勿貪運動的效果，而一時逞強，須量力而為，否則會適得其反。

　　事實上，普通的步行和健身步行不同，若只是慢步，肌肉的運動量較小，因此效果不大；要增進健康，步行時步伐要比平常大、速度較快，時間也要更長。

通常，步行健身要每分鐘 90 至 120 米的速度，每天步行 40 至 50 分鐘，每週 3 至 4 次，手臂擺幅要大，步伐長度要有身長的 45% 至 50%，每分鐘心跳數保持在最高心跳數（220 減去年齡數）的 60% 至 70% 之間。為安全計，長者亦需事先徵求醫生的意見。

若要運動得到至大的效果，長者步行時應採用將腰部重心置於所踏出腳上的方式。走路時如使全身的肌肉都得到運動，將有助於減輕腰痛、肩痛，增強內臟功能；臀部和大腿內部肌肉的活動量若增加 3 倍，則有助於減少體內脂肪積聚。

雖然快速步行可助提高心肺功能，但長者亦不宜汗流浹背拼命走路，應配合體力慢慢開始，不能只求效果，而不顧自己的健康狀況。

長者跑步須特別小心

跑步是一項有益身心的運動，簡便易行，只需要一雙跑鞋，便可起步。和步行一樣，跑步也有着諸多的好處。但針對於步態日益遲緩的長者，它又是一項非常特殊的運動。進行跑步前，長者須考量自身的身體狀況，切勿強行為之，以免引來不良後果。

快速步行可加強心肺功能，長者應配合體力進行。

長者跑步前必須先徵詢醫生的意見，患有高血壓、心臟病、嚴重心律不整，血糖過高或過少的糖尿病者；患有腎臟、肝臟機能不佳者；患有哮喘或身體過胖的長者都是不宜進行跑步。

長者長期、過量飲酒，強行跑步很容易引起血管硬化、心跳加快等。同樣地，若長者長期吸煙及吸煙過量時，跑步便很容易引起心臟冠狀動脈強烈收縮，而導致供應心臟的血液量減少。感冒發燒時，長者跑步容易引起併發心肌炎及肺炎。飽食後跑步會抑制消化液分泌和消化器官的蠕動，引來消化不良或腸胃疾患。此外，熱身運動不足、或沒有跑步習慣的長者，也不宜隨意進行跑步。

太極動作柔和

由於太極拳注重「馬步穩陣」，肢體運作強度屬於中度，衝擊力低，又講求生理與心智的和諧融合，完全符合長者的體能與體力。

香港中文大學研究發現，如果長者持續每星期 5 天，每次 45 分鐘練習太極拳，不但能增加肌肉的力量和彈性，而且對於預防長者常見的骨質疏鬆症，有着顯著效果。另外，由於太極拳是一種節奏較慢的活動，對幫助長者鍛鍊深呼吸，而且更有助預防心血管疾病。

另一方面，若長者同時配合其他體能活動如游泳，對以上效果，可以有着促進健康的事半功倍的防老效能。

如果說鍛鍊肌肉的運動是剛性的，那麼太極拳則主要是鍛鍊身體的柔軟性。由於其動作緩慢有致，「耍」起來時，長者可穩站地上，無跌倒之嫌，故甚適合長者的體能。

除動作緩慢、柔和外，太極拳亦講究呼吸的調順，去除思維的雜念，從而起到放鬆身體的作用。因此，太極亦可用來治療因精神緊張而引起的各種慢性疾病。

若如長者長期缺乏勞動和運動，長困室內，比較容易患上精神緊張症。太極拳對長者的情緒不安甚至憂鬱、孤寂，也有一定的鬆緩及寧神的作用。

游泳舒展筋骨

不管長者是強壯或虛弱，健康與不健康，游泳是一種能夠在最自然的情況下維護健康的運動方式。它能夠使長者增強體力，保持健康，延緩老化。

有以下四類情況則不宜游泳：

- 空腹——當長者有飢餓的感覺時，其體內的血糖會降低，加上激烈的水上動作，便很容易出現頭暈、四肢乏力等症狀，嚴重時還會發生昏迷的危險。
- 飽肚——飽醉食滯後，長者體內的血液會流向肌膚，胃腸的血液就會減少。飽食後如立即游泳，不但會影響食物的消化和營養吸收，還會讓人的反應變得遲鈍、倦怠，對於游泳者來說非常危險。
- 劇烈運動後——在體力大量消耗後，人處於極度疲乏狀態，反應力、協調性都會有所下降，很容易發生抽筋等問題。
- 服藥後——長者若身體不佳，如感冒時，在服藥後強行下水，一旦藥力發作，會有昏睡及不能自主的感覺，容易溺水。

夏季游泳防感染

炎炎夏日，習慣以游泳達到強身之效的長者，多喜到泳灘或泳池暢泳，但如何避免被細菌與病毒感染，也是長者非常關切的問題。

首先，為免踏進池水時，將身體上微生物帶進水中，影響水質，長者宜於游泳前後淋浴沖身，潔淨身體。

下水前，長者最好戴上泳鏡，以免污水或池中氯氣刺激眼睛；耳朵亦應戴上耳塞，防止入水。若不慎入了水，長者只要用棉花棒吸乾耳朵表面的水便可。

長者若見泳灘水質太污穢或泳池太多人時，則不下水為妙。事實上，海水或池水若含有太多污物或病毒，長者不慎飲下幾口，會增加被感染的機會。

若長者患有傳染病如腸胃病、紅眼症、耳炎、耳膜破損、皮膚疾患、肝炎、或身體有傷口時，須暫停游泳。因為除將這些病傳染別人外，亦因水質不佳，令病情更難痊癒，傷口還容易發炎、轉差。

冬泳須量力而行

慣於長期游泳以作強身健體的長者，相信即使在寒冷的氣溫下都會有「無泳」不歡的感覺，仍然堅持冬泳的習慣。堅持冬泳雖然難能可貴，但務必量力而行。須知人體的體溫須維持於攝氏 37 度，若長者受冷，體溫跌至攝氏 35 度時，便會出現暴寒症，輕則會頭暈、面青唇白，嚴重者更會引致心臟衰竭等嚴重疾病，甚至死亡。

喜好冬泳的長者，無論身體狀況如何，必須定期作身體檢查及徵詢醫生的意見，以便能量力而為。

下水前，長者需穿着外套進行至少 10 分鐘的熱身運動，如緩步跑、拉壓肌肉等。在運動學上，任何人參加一個在不同環境下進行的活動，必須花至少 3 至 5 星期的時間逐步適應，冬泳亦不例外。

無論如何，長者冬泳時宜分段進行，即是說游 10 分鐘上岸並為身體保暖，若發現身體應付不來便要停止。當然，若長者有身體不適時，須立刻「休戰」，因身體的精力已用作對抗不適的源頭，難以同時兼顧對抗寒冷的氣溫的。為安全起見，長者絕對不宜獨泳及遠離同伴的。為能讓同伴看見，宜戴上顏色鮮艷的泳帽。

為能補充體力，長者必須多進食含豐富澱粉質的食物，如飯、麵、麵包等，使身體吸收並作儲存，再轉為能量，增加身體熱能。故空腹游泳也是絕對不宜的，當然飽肚進行也要戒除。

冬泳小錦囊

- 定期作身體檢查，並徵詢醫生的意見。
- 運動前必須補充體力，增加身體的熱能。
- 運動前需做好充分的熱身運動。
- 選擇適合的地點進行冬泳，不要到太偏僻的地方。
- 長者應約好同伴，不要獨泳或游得太遠。
- 為安全起見，游泳時長者宜戴上顏色鮮艷的泳帽。

應付游泳時的不適

　　下水後，若長者中途突然感到頭暈氣促、小腿有抽筋現象出現時，勿強行繼續在水中游動，應告訴在旁的朋友，並迅速游回岸邊或池邊。長者出現頭暈眼花或心慌氣促的問題，可能因為浮在水中，在水中站立不穩，加上不適應水對身體所產生的壓力，又或是長者怕水的心理未能克服，以致產生上述的情況。因此，長者游泳前宜先克服怕水的心理，適應水壓對身體的感覺，則頭暈眼花不適的現象自然會消失了。

　　長者游泳時可能會有抽筋的情況，尤以小腿部分，這可能是長者游泳前熱身不足、游泳過久而引致肌肉疲勞，也可能是體力不支，或身體突遇冷水刺激，甚至過分緊張等。處理的方法是長者切忌恐慌，以免引來意外，在告知同伴時，亦應立即上岸，將抽筋的腳單腿站立，抽筋現象即可消除。

　　另一方面，久未下水或初泳的長者可能會出現腹部疼痛的問題，疼痛多出現在長者右上腹或左上腹的位置上。若問題在右上腹，長者只須用手壓迫疼痛部位，痛楚便會漸消；而在左上腹多與長者之脾胃有關，他們可能是患上有關腸胃疾患所致，故宜先作出調理及游泳時勿太劇烈。

⑩ 太極放輕鬆　養身也養心

冷先鋒師傅

全國及香港太極冠軍

我有廿多年教授太極的經驗，我希望推廣太極運動，讓大家有強健身心對抗疾病，做到「壽而康」。

大家應該經常聽說，太極強調陰陽調和。的確，當我們耍太極時，相當需要注意平衡，另方面多鍛煉也有助我們身心得到平衡。

太極運動事實上有多種的風格，有用來表演、對打的太極拳，含攻防招式，也可配合武器，例如劍、扇、刀等等，是專業的運動；平日在公園、體育館見到的，是以強身健體為目標，柔和、動作偏慢的太極運動。不過無論那種太極，追本溯源，都是以養生作為宗旨。

太極適合長者

許多人認為太極適合長者練習。我認為，太極的確是特別適合長者學習，但適合學習太極的人並不限於長者。

用作強身健體的太極操，緩慢的運動可以調理身體機能，有助改善血壓、心臟、支氣管疾病、風濕，以及骨質疏鬆的問題。現代都市人工作壓力大，要過上規律的生活不免有難度，太極也可以透過放鬆身體，調整呼吸，改善睡眠質素。

太極的流派有多種，包括陳式、楊式、吳式、孫式、武式等。針對長者，如果他們初次接觸太極，可以由「太極十三式」即「八法五步」開始。它是太極拳套路中最基本的成份，動作簡單易明，耍全套只需要約 3 分鐘左右，對體能和技術要求不高，由此作入門是一個不錯的選擇。

練習太極，長者需要注意

一、平衡力：太極講究陰陽調和，其表現在身體、心靈的平衡。平衡簡單來說就是四肢協調、腳踏實地。練習太極，最重要是同時放鬆意識和身軀，用意志使身體平衡。有部分動作例如「金雞獨立」更考驗練習者肢體的支撐力和身體維持平衡的控制技巧，而這種平衡力訓練，可以強化練習者的四肢協調，以及肌肉的韌性；常練的話，對正在退化的四肢機能構成補益功效，減緩衰退。

二、呼吸：長者的氣血許多時候存在積滯、衰弱的狀況，呼吸是練習太極的其中一個重要環節。同樣，我們要放鬆身體，自然呼吸，用動作調整呼吸。太極常見有拉長、延緩的動作，它們正是輔助練習者使用規律的呼吸法，吸取鮮氣，吐盡穢氣，讓身體內部氣血得以打通，此舉可增加肺活量。

站樁。

金雞獨立，鍛鍊平衡。

三、四肢協調：正如上面所說，練習太極可通過平衡，促進四肢協調。四肢協調之法除了動作之外，自己腦裏的意識操控也是相當重要。簡單來說，原理就是首先以意識控制發起招式的動作，推動手腳實際進行，接着在動作開始之時下意識地吸氣，招式結束後自然地呼氣，一套既運轉四肢的動作，加上一次規律的呼吸同時完成，所以太極除了身體活動的練習外，也是意識上的訓練。

四、衣著：有時候大家見到，太極師傅或者運動員穿上太極服練習、比賽、教學，的確在專業的比賽場地環境，太極選手穿上太極服和太極鞋幫助他們的表現，以及符合場地材質的要求。但須緊記，太極是低廉成本的運動，作平日練習以及初學太極的人士，不必特意購置太極服和太極鞋，只需穿上寬鬆的服裝，鞋方面一般運動鞋都可以接受，以平底鞋為佳。衣著方面只需注意寬鬆開闊，腳踏實地，即可練習。

雲手，鍛鍊全身協調。

白鶴展翅。

學習太極循序漸進

　　或者有人會因為熱衷太極，所以急於熟習，但我認為，練習太極要按部就班，一定要按步驟熟習，而且不同體質者要遷就身體狀況的不同而有所調節，切記以下幾點：

- 高大、肥胖者，練習不妥容易膝蓋受損。
- 剛患過重病，身體尚沒完全復原、中風患者，脊骨的支撐力不夠，急於求成也會容易弄巧反拙。
- 如果是懷孕、高血壓患者，更加要謹慎、放慢動作進行每一次練習。
- 長者要遷就自己的身體機能進行練習，蹲低、跳躍的動作不可隨便嘗試。

　　總之，「放鬆」、「平衡」是學習太極的要義，得到適當的練習，身體機能得以強化。有云「獨樂樂不如眾樂樂」，最近我出版《太極養生》一書，介紹各種簡易練習的太極招式，鼓勵大眾認識、常練習。「流水不腐，戶樞不蠹」，我希望以太極鼓勵大眾多活動身軀心神，能夠達致全人的健康。

（「六式太極拳行功心法」及
「太極煉丹功」，片段由作者提供）

（「養生太極十八式」，
片段由作者提供）

⑪ 居家運動

　　很多年長者誤以為運動是年輕人的專利，隨着年齡的增長，長者實在沒有太多體力去應付。事實上，長者可按其體力，於日常生活中作出各種適體的運動。

肩部運動

　　長者可立刻放下身旁事務，離開椅子，雙腳八字形站穩地上，雙手叉腰；去除心中雜亂思緒，待呼吸平緩後，左肩慢慢往上提，有誓要碰到耳朵之勢，至肩不能往上提為止。與此同時，右肩要盡量向下壓（圖1及2）。接着右肩也是一樣，做如左肩般的動作。當然，同一運動長者亦可以兩肩同時往上提，及同時向下壓，或三種交替練習。

　　做此肩部運動時，長者應注意呼氣及吸氣。做第一種運動，提左肩時吸氣，提右肩時呼氣；做第二、三種運動時，提肩吸氣，下壓呼氣。

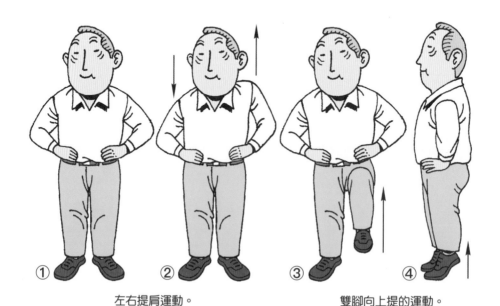

①　　　　②　　　　③　　　　④

左右提肩運動。　　　　　　雙腳向上提的運動。

腿部運動

雙腳八字步直立，雙手叉腰，站於梯級邊。吸氣時，左腳向上提，使身體重心放在右腳上（圖 3），呼氣及站定片刻。然後，右腳支持身體，左腳向下落地站穩，還原八字步站立。左右腳交替進行，注意呼吸。長者練習此運動時，須站穩腳步，免跌倒；同時每次當一腳落下時，另一腳之腳跟應盡量向下壓，使之低於腳掌，相信更可起到運動之效。

另一種運動是原地八字站立，雙腳直立，兩手叉腰，讓重心放在腳掌上，緩緩吸氣之餘，踮起腳跟至小腿徹底收緊（圖 4），稍停一會；然後慢慢呼氣，徐徐放下腳跟，至先前狀況為止。

全身運動

長者在梳洗前先做一個簡單的屈膝動作，同時收緊臀部和大腿肌肉，但膝部不要屈曲小於 90 度，以免跌倒，為能有更佳效果，也不要抵着梳理台邊借力。

長者宜將腳與肩寬，趾尖向前或微向外，而臂須向前伸，以扶着梳理台求平行。脊骨和頸要挺直，並收小腹，慢慢屈膝，保持膝在趾尖之前，背伸直後，頭要抬起。然後，長者慢慢自然還原至站立姿勢，這時切勿鎖緊膝部。長者可量力而為，每天盡可能把握機會多做。

當長者的腿變得強壯有力時，可隨時隨地練習，惟仍須把臂伸向前以平衡身體。當熟悉以上健身法後，才可進行以下較吃力的練習。相信收效亦會更大。這次不同之處是要屈膝，慢慢把重心放在右腳，然後左腳自然伸直，腳掌平放，繃緊左臂，收小腹、頸和脊骨伸直。須左右輪流交換，根據體能來決定做的次數。

掌握以上這些不會流汗的健身練習後，長者毋須因家務忙而無暇健身。就算在家裏，也一樣可以鍛鍊身體。

⑫ 行山遠足

不懂太極、六通拳，或甚麼十八式也沒有關係，只要雙腳靈活，登高也是一種至佳的運動方式。許多長者都說，正是行山治好了他們多年的老毛病。勤於此運動，會令長者終年少患感冒。

長者行山在走平路時，有健行的好處；在上斜路時，又有像跑步時所產生的那種能夠攝取大量氧氣的好處。登高還有健行和跑步所沒有的好處，因為它要揮動雙手，才可使身體平衡；所以除了腿以外，手也會有運動的機會。

衣著裝備

- 上衣——由於需要暴露在太陽光下，長者宜穿長袖衣物以防曬傷。秋涼時分行山，更易着涼，因此需要注意保溫。
- 褲子——無論任何時候，長者都應穿長褲以保護雙足，免被植物或昆蟲所傷，但褲子不宜太厚或太窄，以免妨礙散熱及活動。
- 行山鞋——長者宜選購有防水、透氣、吸震，並且鞋底有軟墊及防滑的行山鞋。鞋子宜寬鬆，再加上一個保護軟墊，及預留適當的屈折位最理想。

- 厚棉襪——長者宜穿遠足襪，以減少足部與鞋子之間的摩擦。質料方面以能吸汗的全棉料子為佳。
- 遮陽帽——行山時，長者所配戴的遮陽帽，必須有頂亦必須有邊，以阻擋太陽直照頭部，引致中暑。
- 太陽眼鏡——由於遠足時，面對烈日強光，長者必須選購 UV 鏡片太陽眼鏡，以過濾紫外光對眼睛的傷害。
- 風褸——長者之風褸必須能防風、擋雨、透氣和具保暖功能，以防天氣轉變之需。
- 背囊——為使雙手可保持身體平衡，長者宜選猩負背囊，較手提袋或單肩袋為佳，節省體力以應付旅程。

求救裝備

- 有關基本資料——長者必須帶備遠足地附近之交通、救援機構等資料，以備有問題時可短時間乘搭交通工具往救護站求救。
- 指南針及地圖——指南針及地圖可幫助長者確知自己身處的位置，用以通知有關人士作出援手。
- 哨子和手電筒——哨子可吸引前來救援的人員，儘快找到長者的位置，故其聲頻愈高愈好，能防水的更佳。手電筒晚間可用來照明及發出求救訊號，有閃光功能的較佳。
- 色彩鮮明的衣物——勿選用綠色衣物（因易被周遭綠草所掩），以能於郊野突顯長者的位置，同時以能保暖、防風、擋雨者為佳。
- 水壺及乾糧——水壺最少能帶約 2 公升食水為佳；乾糧必須能充飢，以避免口渴及飢餓而暈倒。
- 急救藥品——包括藥水膠布、消毒藥水、三角巾、彈性繃帶、扣針、治頭痛、感冒和腸胃不適的藥物等。
- 輔助物品——如蚊怕水、收音機、打火機、萬用刀、紙筆及垃圾袋。
- 求救電話——帶備有 GSM 或 PCS 網絡手機，在需要時可打 112 國際救援電話號碼，自動接駁到香港的 999 報案中心。

預防行山中暑

　　中暑是當長者長期於陽光下曝曬，導致大量出汗，體溫驟升所致。若長者因疏於鍛鍊身體變得虛弱，加上缺水會引致嘔吐。此時若情況嚴重，如昏倒及體溫達至攝氏 40 度，未能及時施救的話，則會有生命的危險。

　　導致中暑，其中的一個原因是缺水。若長者患有血壓高及身體較虛弱時，有水傍身確可補充身體失去的水分。若要避免吸收太多的陽光熱量，長者宜穿着淺色長袖衣服以反射陽光。若戴帽子，則可免去頭部「中招」的機會。另一方面，很多長者誤以為「赤膊」行山可更涼快，助身體散熱；其實這樣不但未能令身體涼快，相反，會吸收更多的熱能，加速身體排汗，造成缺水的中暑結果。

行山中暑小錦囊

- 若長者不幸「中招」，必須先告知行友，及時帶往陰涼及通風的地方休息。
- 協助中暑者鬆解衣服，用以幫助血液流通。
- 勿讓周遭朋友圍觀，以免阻擋空氣流通。
- 即時喝水作補充，若是鹽水或電解質更佳。
- 若身體過度出汗而缺水，須馬上送院求醫。

⑬ 出外旅行是健身運動

當長者健康情況尚佳時，旅行是一項很好的健身運動。

旅行時間

在出行前，要注意長者欲往旅行地區的季節及天氣，以及長者的健康狀況。

對患心血管及呼吸系統疾病的長者來說，寒冷的天氣出遊應該謹慎，炎熱的夏季也需要小心，以免引起中暑。春秋兩季是春暖花開和桂花飄香的時候，是長者旅行的最好時光。

旅行地點

選擇的地點與景點，是否長者所喜愛的，倘若是熙來攘往、車水馬龍或黃沙漫漫、全無景點的地方，估計非長者所愛。要全程乘坐車輛，廁所難覓的地方，也不適宜長者前往。長者的體力日漸衰退，勿讓長者跋山涉水，行程也不能太長，且要有較多休息的地點。長者旅行，最好能結伴同行，這樣路途上可互相照應。此外，最好能幫長者準備一根拐杖，這樣可幫助長者行遠路。

攜帶物品

長者若有慢性疾病，如高血壓病、糖尿病，須攜帶必需的藥物。另外要準備防止暈車、暈船和止瀉、消炎或通便的藥，還有一些傷濕止痛膏、酒精、藥棉、紅藥水之類物品。出發前還要諮詢醫生的意見，以保障長者的健康。

春秋季節，天氣的變化多、溫差大，尤其是春季，早晚的氣溫懸殊較大，長者須帶備輕便、保暖的衣服，以便及時添換。一雙合腳、鬆軟、透氣的步行鞋，也令長者旅程更加順暢。

注意事項

不宜 一人獨行	據統計，年長者可能有着不同程度的慢性疾患，若參加長途旅行，很容易疲累，受感染而犯病或跌倒。故宜讓家人陪伴，以便作出照顧。
選擇適合的 旅行地點、 天氣	勿讓體力較弱的長者前往氣溫太熱或嚴寒的地方，應該鼓勵他們往氣溫較涼快的地方，如當地為晚春、初夏或秋高氣爽的時節為佳。若當地是疫埠或衛生條件較差，再加上長者較為體弱時，惹上傳染病的機會率會很高。
旅程適中， 量力而行	勿讓長者參加旅程太長的旅行，同時行程不宜用上太大體力，如爬山、全日走動或時間太緊迫；因為這樣會造成長者過分疲累或精神緊張，因而亦會使他們失去休閒及舒適感。
隨身帶備藥品	若長者需經常服食藥物，報名參加旅行團時，必須請教醫生及作出體格檢查；以及出發前亦要帶備必服之藥物，在行程中亦要堅持服用；若能帶備常服藥物，亦可作應急之用。
攜備足夠衣物	如保暖衣服及手杖，以作長者遇冷時禦寒之用及助步行防跌倒。
購備旅行保險	這是保障長者一旦在外地患病或遇上意外入院，或需在當地就診時，準備好意外支出，以作「守門」之用。
妥善保管財物 及證件	旅行途中長者還應妥管財物及證件，注意飲食衛生、睡眠時間充足等。

總而言之，希望長者在旅行時不僅能飽覽大好風景，而且還能獲得身心的健美。

祛病篇

　　雖說中國人主張食療，提倡以食物代替藥物，但食療只是改善病況、輔助康復的作用，要快速、有效地針對個別疾病，開方用藥的處理仍是醫療、護理人員不可或缺的。本篇對一些常見於長者身上的疾病提出護理資訊，幫助有心人士根據相關的參考資料，可以全神貫注、細心專業地對待疾病護理，使長者頤養天年。

❶ 健康的標誌

關注健康，當然是長者的要務。如何才是健康呢？世界衛生組織曾就以下方面，作為健康的標準。大家不妨作一參考：

精力充沛	你是否不因生活重壓、身心轉變、退休後的適應，而感到情緒低落、過分緊張或退縮，甚至有「時不我與」及壓迫感的苦困感呢？
處事樂觀	不因生活上各種轉變，而產生悲觀、消極及灰心感；反之，更積極樂觀及進取，勇於面對困難及承擔責任。
善於休息	不因年事已高而放棄自己，致作息無常、日夜放縱而不約束，消耗體力而不顧。
應變能力高	不喜堅持己見及對事物的固執，只會以主觀態度分析事物，以致將自己的思想「老化」起來；反之，可較快適應外界環境的各種變化、容易接納別人及勇於學習，才能與時代同步而行。
健康如常	身體不會隨年紀的增長，而變得體質差以及失去抗病的能力；反之，身體各部位功能良好，不易患傳染病和一般病毒感染。
體重適當	不會因喜偏食或營養不均衡，而致體重失去標準；脊椎於站立時，頭、肩、臂、腰、背及四肢等位置協調，關節不會經常有痛楚。
牙齒健康	牙齒依然「健在」，可伴你終老；牙齒清潔、無齲（即無牙蟲）、無痛、牙床顏色正常、無牙周病、無出血現象。
頭髮有光澤	頭髮雖然變得灰白，惟仍富光澤，不枯黃、不開叉，而頭皮也無脫屑。
肌肉豐滿	肌肉不因年齡的問題，而消失於無影無蹤，而皮膚顏色仍有光澤及富彈性。

❷ 用藥知識

　　醫生開藥時，應主動向醫生告知長者的用藥狀況，例如是否遵從醫囑服食藥物、長者服藥後身體有何變化、是否曾到過其他專科領取藥物、用藥期間是否服用中藥等，這些訊息有利於醫生開立藥物時的考量。此外，還需向醫生道出長者對某些藥物的過敏問題，以免長者發生過敏現象。

　　領藥時，護老者必須確認長者的姓名、藥品、數量、途徑、用法；若有疑問，應當場詢問派藥的藥劑師或醫護人員。拿回家的藥品需使用藥品分裝盒儲存，將種類多或服藥時間複雜的藥物，依服用時間分裝在藥品分裝盒內，以確保服藥的正確性。長者藥物未完全服完時，藥袋不要提前丟棄。藥袋上常印有藥品相關訊息，例如藥名、用法、發藥日期甚至藥品外觀說明，若藥品尚未用完已將藥袋丟棄，很可能因此忘了藥品的服法而錯服藥物。

妥善將藥物分裝盒儲存，確保服藥準確性。

③ 用藥劑量以小為佳

由於在生理、社會、心理、環境等多種轉變因素，長者對藥物的不良反應會隨年齡而增加，濫用藥物的危害性也顯而易見。因此，為保障健康，有必要掌握生理、心理的特點和變化規律，了解長者用藥原則及藥物的作用機理等。

用藥劑量逐漸減少

藥物經口服後，由腸道分解和吸收；因長者吸收功能下降，常發生藥物在體內分佈不均的情況。此外，加上長者肝臟供血減少，使藥物的代謝發生變化。長者的腎排泄能力也有所下降，使藥物的分解變慢，導致在體內積聚，從而更容易產生有毒的副作用。因此，長者用藥的劑量，會隨年齡增加而減少。

用藥劑量低於成人

一般來說，60 至 80 歲的長者，用藥量應為成人量的 3/4 至 4/5；而超過 80 歲者，用藥量為成人量的 1/2。長者除維他命、微量元素和消化酶類等藥物可用成年人劑量外，其他所有藥物應低於

60~80 歲長者用藥量為成人量的 3/4~4/5

服藥術語小錦囊

- 一日服 4 次──以 24 小時計，即是長者需每隔 6 小時服食 1 次。
- 飯前、飯後服用──要飯前食的藥是指吃飯前最少半小時；而飯後食則指剛剛吃完飯；所謂飯後服意指是餐後 1 至 2 小時。

成年人劑量。這是因為老年人的肝腎功能減退、白蛋白降低、脂肪組織增加，若用成年人劑量，可能出現較高的血藥濃度，使藥物的效應和毒副作用增加。

長者的體能衰老、病理損害程度不同，平時用藥的多少，用藥的效果也有差異，目前還沒有相關的規律可循。護老者在醫生處方下應明瞭，長者只能採用小劑量原則，這是保障健康、維持治療的重要策略。

服藥時要注意飲水

很多長者誤以為服藥時，用開水吞服會沖淡藥物的藥力，減低藥性，拖慢康復速度，故他們片面地認為盡量不喝水吞服藥物可增加藥性。

據醫學界人士指出，除了藥水可以直接服用外，其餘如藥粉、藥片或藥丸等都必須飲水才能服下。充分的水不但不會使藥性降低，反而有助藥物迅速溶解，使身體容易吸收，加快身體的康復。

服藥小錦囊

- 注意藥量——有些藥丸每次只需服半粒時，勿隨意用手搣一半，以免弄致一半大一半小，導致兩次用藥劑量不等。正確的做法是：用餐刀將藥丸輕輕切成等量的兩半。
- 遵醫處方——高血壓、膽固醇及糖尿病等慢性病的藥物，長者須遵照醫生處方服食，若服食膽固醇或高血壓藥不當，可能會導致長者心臟突然死亡，心力衰竭、中風等惡果，也很容易危及患糖尿病的長者眼及腳部的毛細血管，造成失明或腳部腫脹潰爛。
- 報告服藥情況——每次覆診時長者要如實報告主治醫生少吃的藥物，以免令醫生產生錯覺，以為藥物的分量不夠而加重藥量，結果令長者服藥過量，造成對身體的損害。

任何藥物在製成片狀或粒狀時，都必須加入凝結劑及防腐劑方能成形。若因水分不足，這些物質會刺激腸胃引來便秘。因此，長者謹記在服藥後宜多喝水或多進食蔬菜水果，以利藥物的溶解及吸收。

④ 用藥的注意事項

服藥方法和時間

長者必須清楚所服藥物的服用方法，例如口服、嚼碎後吞服，含在舌下、噴霧吸服、外塗、肛塞等。

- 服藥方法──當藥丸必須整片吞服時，切勿磨碎進食；因為此類藥片藏有整天所需的藥量，藥力才能慢慢發揮其治病療效。故若長者因缺乏唾液，沒法吞嚥藥物時，可嘗試先喝一、兩口溫水，濕潤喉頭，才將藥丸混和溫水吞服。服藥時，宜請長者站立或坐直進行。當然，有些藥片是放在舌底的，故請提醒長者慢慢讓藥物在舌底下溶化，因為吞食會失去藥片的功效。

- 服藥時間──藥物的服食時間也有講究。服食抗生素藥物應於餐前一小時服用。每次服用抗生素藥物，必須完成整個療程，否則未曾消滅的病菌會變得愈來愈頑強；當長者再服同樣的抗生素藥時，會失去效力或要加重分量才能發揮正常藥力。長者服食抗生素藥物時，切記依時服食，即使在深夜也最好預校鬧鐘依時服藥。由於傷風及消炎藥會令胃部不適，故最好讓長者於飽肚時服食。如希望糖尿病藥發揮預期藥效，長者最好在餐前約 15 分鐘食用。膽固醇藥最好在晚上服食；利尿藥則最好於日間服食，以免晚上排尿次數太多而影響長者睡眠。

服藥小錦囊

- 專一服用——長者同一時間不宜服食多種藥物，以免藥物互相干擾。例如治療心臟衰竭藥，與利尿藥同時服用，可產生相沖的壞影響。
- 不擅自增減——長者不可擅自加倍服食覺得有效或曾治癒親友同一病徵的藥物，因為前者可能會引致藥物中毒，而後者之藥物亦未必適合長者病情之所需。
- 保留資料——藥物應保留在原有的藥袋內，因藥袋上清楚註明藥物的劑量、服食時間、藥物名稱、數目及發藥日期。故勿將所有藥物放入同一瓶內，這樣很容易引起混淆，尤其是同一顏色的藥物，更要細心分辨。
- 分開放置——長者藥物勿與家人藥物同時放置，以免長者誤服。長者服藥時，需在光線充足的情況下進行，否則很容易出錯而誤服藥物。當長者服藥後有頭痛、腹痛或過敏現象時，應囑長者停止服藥，並立刻請教醫生。

服藥須知

- 服藥須經醫生指導——若長者患上高血壓、高膽固醇和糖尿病等慢性疾患時，不能隨意加減服食藥物的次數和數量；因為這些病症需長期服藥控制，以防止出現併發症。有些長者誤會醫生鼓勵其自行量度血壓、血脂和血糖的用意，當長者於量度時發現讀數有所變改，便自行調節藥物劑量。其實，這些數據只供醫生診斷時起參考作用，具體的治療處方也需醫生仔細觀察和分析後才能做出。以服食哮喘的藥物為例，長者必須知道有預防和救急紓緩兩方面的療效。用以預防方面的哮喘藥，如類固醇能緩和氣管發炎，但不能即時抑制病發，是需要長期服用，方有預防哮喘發作之效；用以救急方面的哮喘藥，可用作即時擴張氣管，以紓緩病發時的不適。兩類藥物患者

要一併服用，方可控制病情。然而，很多長者誤以為只需服用救急類藥物便足夠，而忽視預防類，從而導致病情惡化。

- 根據病情調整用藥療程——老年人腎功能減退，腎臟血流量減少，對藥物和代謝產物的濾過率減少；故使用由腎排泄的藥物時，一定要遵醫生指示，注意服用量。用藥療程愈長，愈容易發生藥物蓄積中毒，還可能成癮和產生耐藥性，如瀉藥和利尿劑可引起嚴重低血鉀症；安眠藥久用也會產生依賴性等，所以長者用藥療程，應根據病情及醫囑合理縮短。

- 同時用藥不超過 5 種——據統計，同時使用 5 種藥物以下的，藥物不良反應發生率為 4%；6 至 10 種為 10%；11 至 15 種為 25%；16 至 20 種為 54%。當長者用藥超過 5 種時，護老者應徵詢主診醫生的意見，以及提供藥品不良反應等問題。凡療效不確切、耐受性差、未按醫囑服用的藥物，可考慮停止使用；如長者病情嚴重，需要使用多種藥物時，在病情穩定後，仍應遵守使用 5 種及以下藥物的原則。

- 服藥後不宜立即臥床——年老體弱，一旦患病，長者多喜服藥後立即上床休息，以望能早日藥到病除，回復健康。據台北市中國醫學院腸胃科醫師指出，若長者服用膠囊類藥物，如飲水不足且立刻上床休息，會導致藥物黏附在食道上，不能及時進入胃中。藥物溶解後腐蝕食道黏膜，造成食道潰瘍，情況較輕者會有吞嚥疼痛，嚴重者則可能出現血管受創出血。故醫師強調，長者患病後服藥時要多喝水，尤其是膠囊包裝藥物，同時避免吃完藥平躺就寢，這樣才能預防服藥所引發的食道潰瘍發生。

❺ 長者服藥的常見謬誤

蘇曜華藥劑師

Drug Care

　　人愈大，愈懂得謙卑。以往，只懂得令患者（大部分為長者）遵從標籤上的指示服藥，忽略患者的感受，沒有在意患者的固有見解、生活習慣和對藥物的謬誤。自從認識到社工陳炳麟先生後，探訪過很多長者，讓我知道，原來長者不依從服藥，記性並不是主因，長者對疾病和治療方案存有偏見才是主要的原因。較常見的謬誤有：

每日要排便？

　　很多哥哥、姐姐因為年青時每日都有排便，到年紀漸長，又經常聽到廣告「排出毒素身體好」，都認為要每天如廁才健康。但他們忘記，年青時的食量每日兩三碗飯，而年紀大了，每日只吃到一碗飯，試問製造出來的便便有多大呢？便便體積細，則較難刺激腸臟蠕動，要待兩、三天後才累積到較大的便便；因此兩、三天才排便一次亦是正常的。此外，哥哥、姐姐們因為急於每天排便，很多時候在如廁期間運錯氣，使便便更難排出。若便秘屬暫時性質，可購買通便藥來處理。滲透類瀉藥如乳果糖，藉着在結腸中被細菌分解成乳酸及醋酸，使水及電解質保留在腸腔內，產生高滲透效果，增加結腸內容量，刺激結腸蠕動，改善便秘的情況。服用乳果糖後，腸內容易有氣體產生引致胃腸氣脹。另一類是刺激腸蠕動的藥物如比沙可啶(Bisacodyl)和番瀉葉(Senna)等，適合大便軟身但缺乏便意的患者。除非醫生指示，否則不應長期服用此類刺激劑，而另服食刺激劑較易引起腹痛。市面上有些保健產品含有番瀉葉成分，市民在選購時應留意，若要長期服用最好先請教醫生。至於甘油條具強力吸水的特性，功效快速但不適合長期使用。

誤信健康產品

社會的生活質素較以前提升，不少子女會購買健康產品予父母，希望服用後可以增強體魄，但很多健康產品並沒有充分的證據支持產品具有成效。以葡萄糖胺為例，沒有充分的證據顯示能有效修補軟骨，但廣告往往吹噓其效能；又例如正服食抗凝血藥的患者，若再服用維他命 E 的產品時，其血液可能會變得更稀，增加出血的風險。至於選購中成藥，要留意產品有否印上中成藥的註冊編號，在香港的註冊中成藥應印有 HKC-XXXXX 才有質素上的監管。而其他健康產品方面，例如維他命和鈣質，應盡量依靠日常飲食來吸收。若有醫生建議購買時，可選擇較出名的品牌，因為產品的質素較有保證。

盡量不開始食血壓藥，否則要長期服用！

一般來說，若血壓並非太高的話，調節飲食及多做運動可使上壓減低 5mmHg 左右，但持續高企，唯一的方法就是服食血壓藥了。高血壓引發的併發症有很多，當血壓過高時，血管壁會受壓而被撕裂，血小板及膽固醇就會積聚在血管壁上，血液循環會受阻，心臟必需加倍用力才可輸出足夠的血液到身體各器官。這長期的負荷不但容易引起心臟衰竭，甚至導致中風、腎衰竭等不良後果。上壓每上升 20mmHg，其患上心血管疾病的風險會高出兩倍。

食多種血壓藥，是否好傷身？

現時有多款不同類型的降血壓藥，若有需要，醫生會處方多款藥物，但每款都只用低劑量，這樣就更有效控制高血壓而副作用又減至最小。血壓控制得宜，患上心血管疾病的併發風險便會降低。

我的上壓已經降到 140mmHg，為甚麼醫生還要加藥？

對高血壓病者來說，血壓應降低於 140/90mmHg；但患有心臟病、腎病、糖尿或中風者，其血壓較一般高血壓患者再嚴緊一些，應低於 130/80mmHg。

膽固醇已降回正常，為何仍需服用？

　　常用的降血脂藥是他汀類藥物，例如阿伐他汀（Atorvastatin）、瑞舒伐他汀（Rosuvastatin）和辛伐他汀（Simvastatin）等，研究發現它最有效降低低密度脂蛋白膽固醇水平。辛伐他汀（Simvastatin）需要在黃昏或晚上時服用較為有效，而藥廠曾為阿伐他汀（Atorvastatin）和瑞舒伐他汀（Rosuvastatin）作了研究，證實全日任何時間服用亦有效。現時的研究顯示，血管壁累積的班塊內有如溶岩一樣，萬一滲漏出來，將誘發血小板聚集，形成急性血管閉塞，做成急性心臟病發生。因此，就算病人體內膽固醇水平回復正常後，醫生亦繼續處方讓病人減少心臟病發的機會。此外，開始服降膽固醇藥後，必須繼續調節飲食及定時覆診才能達致最理想的效果。

屋企有藥餘，求其棄在垃圾桶？

　　不論環境局抑或食物及衛生局局長，都說現時把多餘藥物，送到堆填區棄置沒有問題。但研究顯示家居藥餘在堆填區年復年的累積之下已出現危機，在 2018 年 9 月，浸會大學生物系團隊在已關閉 20 年的屯門望后石堆填區和大埔船灣堆填區，測試其滲漏液（俗稱「垃圾汁」）是否含有七種藥用抗生素。結果顯示，三種抗生素濃度超出評估環境風險的指標，尤其所有滲漏液樣本均有環丙沙星（Ciprofloxacin），濃度超過指標 5 至 53 倍。特區政府過去二十年似乎並不關心本地人的生活，又沒有為本土的下一代籌謀。其實，政府只要宣傳一下，教育市民在棄置藥丸或藥水時，把藥餘放入膠樽內才棄掉，已經減慢污染的速度。切忌把藥餘沖進廁所內。當然最有效的方法是焚燒的方法。

　　跟隨社工陳炳麟先生，認識到藥物只是長者眾多生活問題的其中一項，居住環境、食物等都讓長者煩惱。藥劑師的角色微不足道，但若可以幫到人，必定盡我所能。

⑥ 了解藥物的效用和副作用

分清對症還是對病

長者必須認識藥物的針對性，即藥物是針對疾病的根源還是針對其帶來的症狀？

若是針對病源時，需依指示按療程定時服用，因為這類藥物是用於殺死引致發炎的病菌，長者如因病情紓緩下來便過早停藥的話，不單不能徹底消滅病菌，更會令病菌「變惡」，產生耐藥性，非但不能治療疾病，還會使其惡化，需醫生改用更強的藥物來對付。

若醫生的處方藥是針對病情帶來不適的症狀，如止痛、退燒、收鼻水、止暈、止嘔等功用，則病徵消失後，長者可停服此類藥品。

選擇中藥還是西藥

老年人代謝下降、反應遲緩是其生理特點，因此用藥時就更需講究。事實上，對於急性病，用西藥能使疾病迅速得到控制，而後採用中藥調養；對慢性病，則以中藥治療為主。傳統觀念認為，中藥比西藥作用緩和，副作用少，老年人使用中藥治療更為安全些。當然，有些中草藥毒性較大，使用不當常會引起中毒。因此，在使用有毒性的中草藥時，必須嚴格遵從醫囑。

分清藥物的副作用

藥物的副作用可分為三種──常見、罕見及嚴重。必須留意服藥後的反應，若掉以輕心，可能會導致死亡或器官永久損壞。所謂的「副作用」也需仔細辨別：是有益的，還是無害的？是藥物所引起的，還是其他原因所引起？如長者在服藥期間吃了不潔食物而肚瀉，這肚瀉就不一定是藥物所引起的了。此外，有些副作用並不一定是負面的，如服感冒藥常見的昏睡情況，正是幫助長者獲得更多休息，加快其康復。

有些長者過分緊張服食抗生素後出現的不適，如腸胃不適、嘔吐、皮膚出現紅疹或敏感等副作用，而放棄服藥。但顯而易見，這樣並非呵護健康之舉，勢必影響病情康復。若長者未經醫生證實對某些抗生素過敏，而僅憑個人有限的知識而擅自停藥，也是非常不明智的。另一方面，若發覺服食藥物後而出現過敏，而擅自購買成藥以紓解不適，這不但令長者病情惡化，除加重身體（尤其肝臟）的無謂負荷外，還會引來其他副作用。

故長者服食藥物治病的時候，宜對藥物及其副作用有所認識，在服食任何藥物前，應諮詢其醫生或註冊藥劑師的意見，以保藥物正確使用。

⑦ 鑑別、處置變質藥物

鑑別所服藥物是否變質，是非常必要的。倘若一不小心服下過期的變質藥，後果將不堪設想。

- 片劑——若有變色、變黃、發霉、有異味，或藥片呈鬆散、變形、出現斑點、發黃或附有結晶，或糖衣片互相黏連等，則為變質藥，不能服用。
- 膠囊——若發現膠囊破裂、發霉、變軟及膠囊混濁等，不能服用。
- 丸劑——發霉、黏連、變色、變形及有異味等問題的藥丸也不能服用。

為保障長者健康，若發覺藥物已變質，應前往醫生處轉換藥物，以免停藥而影響健康。為避免藥物變質，應將藥物貯藏於通爽、不易受潮且陽光不能直射的地方。

⑧ 長者何時睇醫生？

彭少良醫生
家庭醫學專科醫生

　　長者或有些身體不適是常見的事，但這些不適是否需要立即看醫生呢？還是可緩一緩，休息幾天不適就會消失？其實這是不容易分辨的。以下就從身體的不同系統，談談長者看醫生的「急與不急」吧！

血液循環系統

　　長者較常見的可能是心血管疾病，以及心律不正等；但要注意，很多時長者的神經線沒有年輕時那麼敏感，尤其若年長加上患了糖尿病多年，感覺神經可能更弱，同樣是心血管病發作，長者可能完全不覺痛，只覺得胸口部位不適，或有胃脹，於是就不去看醫生。事實上，情況可能已經相當緊急，所以這點在長者的護理上一定要小心注意。

呼吸系統

　　近年政府提倡及資助長者注射肺炎疫苗，這是正確的；因為長者可能即使患了肺炎，也未必會咳嗽，只是氣喘或呼吸時覺得有點疼痛，或平日精神不振、食慾不振等等，甚至連發燒也不一定。以上的肺炎反應，和年輕人有明顯分別，因而也會令患了肺炎的長者忽略了儘快看醫生。除了在護理上必須注意，提醒長者每年接受肺炎疫苗注射也是有效的辦法。

消化系統

　　常見的消化系統疾病，例如胃潰瘍、膽囊炎等，一般都會引起劇烈痛楚；但同樣地，長者未必一定感到很痛，而可能只覺得胃部「脹住脹住」，所以在護理上必須加以注意。

泌尿系統

　　女性長者有一個常見的情況，就是感染了尿道炎，卻沒有任何病徵、沒有痛楚，也沒有血尿，只是覺得疲倦；但這種疲倦是不尋常的，可能睡前十分疲倦，第二天醒來仍是十分疲倦，或訴說頭暈等，這也需要注意。

關節部位

　　長者的關節退化少不免，但千萬別以為關節痛一定是正常現象，無法改善，只能忍受。當然，可能大部分長者都不願意為了關節痛而長期服食止痛藥、打針甚至做手術，但其實現時醫藥進步，大部分因自然勞損退化引起的關節痛，例如退化性關節炎等，都有不少可以紓緩和減痛的方法，包括有部分口服補充劑，例如葡萄糖胺、軟骨素及近年新科技的生物活性骨膠原蛋白肽等。其中，生物活性骨膠原蛋白肽在研究中顯示，可同時提高蛋白多醣及骨膠原水平，且是沖劑形式，可加入日常飲品中飲用，使用容易，有助減痛和修補軟骨，令長者可生活得更舒服。當然，長者做適當運動，保持肌肉強壯及彈性也是非常重要。

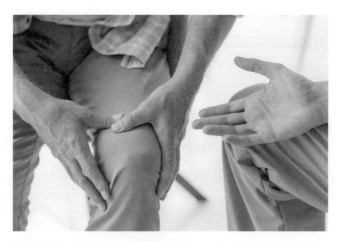

長者關節退化，容易引起關節疼痛。

以下兩個個案，正好說明長者感覺的表面病徵，可能和實際病情有很大分別。

個案 1：曾經有一年冬天，有長者求醫表示「隻腳好凍」，但卻只是其中一隻腳；經醫生檢查後，才找到真正的病因是該隻腳的血管堵塞了，要立即治理。

個案 2：一位長者到診所表示「睇嘢矇」，但他當時矇住了其中一隻眼，醫生問為甚麼，他表示矇住了這隻眼看東西就不矇；於是醫生替他檢查，發覺原來那隻眼忽然出現了斜視，所以當兩隻眼一起看東西時會覺得矇，而忽然斜視的原因是腦部有一個位置血管出現堵塞，要立即治理。

最後，筆者想提出非常重要的三點，希望長者和護理者緊記：

1. 長者身體出現一些病徵，即使表面上不太嚴重，例如頭痛、胃痛等，但若長者在過去數十年間都未遇過這些病徵，即是說對他來說是一種新的病徵，而這病徵持續不消失，那便要小心了，最好帶長者去看醫生。

2. 有時候長者會因為本身有豐富的人生閱歷，於是往往用自己的知識去解釋身體上的病徵，例如胃痛，長者可能會自我解釋為胃病發作，於是和家人、護理者也說自己胃病發作，到看醫生時亦表示自己是胃病發作。但其實不一定對，長者覺得胃痛，有可能是很多不同疾病的病徵，而不是長者自己覺得的胃病，所以醫生必須詳細檢查清楚。

3. 不可以太依賴長者「有沒有發燒」來作為身體有沒有病、病情是否嚴重的依據，因為發燒只是身體的其中一個病徵，而每個人的發燒反應也可能不一樣，所以即使長者沒有發燒，但身體持續不適，也應儘快看醫生。

⑨ 高血壓

在日常生活中,長者往往會一時大意或疏忽而輕視身體的一些徵兆,以致任由問題惡化而傷害健康。其實在老化過程中,長者的身體機能日漸退化,對外界刺激的耐受力也大大減低;應鼓勵長者關注健康的轉變,及早作出防病治病的行動。

高血壓是長者最常見的症狀之一。初期大多數患者可能全無病徵,之後患者開始感到頭痛、頭暈、失眠、呼吸短促、頸部酸痛,若患者處理不當,可能會有中風、冠心病、心臟功能衰竭等嚴重後果。

資料顯示,因高血壓而導致心臟病的人,由於血液循環功能減退,腸胃道容易瘀血水腫,影響消化吸收;所以應進食易消化的食品,少吃油膩煎炸食物。在日常飲食中,患者宜進食含高蛋白質的食物,如魚、牛肉以及複合維他命 B 和維他命 C,另外多做運動,以增強心臟功能。

高血壓是長者常見疾患,亦是長者的無形殺手,若控制不當,可能會引來各種併發症,如心臟衰竭、冠心病、腎衰竭及中風,或甚至死亡。患者除須遵醫生指示,定期服藥外,切勿因長者味覺遲鈍而於日常飲食中,貪一時之「口福」而「加鹽」。

定時服藥　　少油鹽　　高血壓患者　　戒煙酒　　勤運動　　定期檢查血壓

日常護理

- 定期往醫生處覆診及檢查血壓，學會自行量血壓，檢視及保持血壓的正常。
- 依時按照醫生指示吃藥，不隨意停、增或減藥量。
- 將餸菜中放的鹽分減少到原來的一半。
- 拒絕高脂食物，以及炒、炸、油煎等食物。
- 喜愛飲食，但不過飽。
- 不抽煙、不喝酒。
- 勤做運動。
- 心平氣和，不動怒。

少鹽飲食

　　調查發現，進食過多鹽分，可引來高血壓。美國消費者團體呼籲日常的飲食必須清淡，要留意「減鹽」，以防範高血壓。美國哈佛醫學院提出九種「減鹽」的飲食方法，喜好「加鹽」的長者，需格外留意。

- 購買新鮮、冷凍或罐頭蔬菜，而非鹽漬蔬果。
- 吃新鮮肉類，少吃醃肉或罐頭肉。
- 煮食或調味時，戒用鹽並選用香料。
- 煲粥、煮飯或粉麵時不要加鹽。
- 少吃即食麵及即食加味的麵類製品。
- 進食罐頭食品時，可先用水沖去過多的鹽分。
- 只購買標示有低鈉或不加鹽標籤的食品。
- 選取含鈉量低的早餐麥片。
- 以蔬果代替薯片等含鹽及鹹的小食。

少喝咖啡

　　長者一旦患上高血壓，繼續多喝咖啡，除影響其情緒，破壞人際關係外，更會導致其血壓水平上升，危害健康，引來中風的惡果。事實上，長者每天只需喝一杯含 100 毫克咖啡因的咖啡，就會增加大腦的活動量，刺激神經中樞系統。若性格傾向憂鬱的高血壓長者多喝咖啡，焦慮和情緒不穩的情況會加劇，從而導致高血壓病情加重。

　　長者不要因為不喝咖啡後，會產生疲累的苦惱，而拒絕戒除此「惡習」。應按個人能力與健康狀況，循序漸進，慢慢減少咖啡的分量，及至完全戒掉為止。必要時可請教家庭醫生，尋求更有效的方法。

高血壓患者運動小錦囊

- 衣物適體，運動適時——運動時必須穿着鬆身適體的運動衣、鞋及襪。勿在飯前或飯後 1 小時內運動，最好飯後 1 至 2 小時再運動。運動前先做 5 至 10 分鐘的暖身操，運動後勿馬上停下來，應做適度的緩和運動。

- 精神放鬆，呼吸自然——運動鍛鍊時精神要放鬆，勿緊張用力，呼吸要自然，勿使勁閉氣。勿做舉重、啞鈴、搬重物等劇烈運動，運動過程中需注意頭下垂不要低於肩部，以免加重頭暈的情況。運動中若感到不適時，請停止運動，千萬不可勉強。

- 密切觀察，各種變化——在運動鍛鍊過程中，密切觀察血壓、脈搏和症狀的變化。若發覺有心絞痛、頭痛、頭眩、心律不整、咳喘、呼吸困難、噁心嘔吐等現象時，應減少運動量或暫停運動。收縮壓若超過 200mmHg 及舒張壓超過 115mmHg 亦暫時不要運動。

- 做完運動，檢查心率——每次做完大運動量的鍛鍊後，需檢查心率的恢復情況，一般應 3 至 5 分鐘恢復至運動前水平。若運動後睡眠不足、頭痛，第二天仍有疲勞感，說明運動量過大或休息不足，應減量或暫停鍛鍊。

運動降血壓

有研究指出,運動可降低血壓。長者若參加中等強度的耐力性運動,如游泳、快走等,是改善高血壓的最佳選擇;因為這類運動可以促進新陳代謝率,幫助多餘的脂肪代謝,進而達到降低血壓的效果。

長者每週至少 3 次,每次做超過 30 分鐘的運動。如果長者的血壓較為穩定時,可以從事快走、慢跑、騎單車、游泳等較激烈的運動;血壓控制較為不穩定時,最適合進行散步、體操等較溫和的運動。

⑩ 心臟病

目前,香港最常見的心臟病是冠心病,若以單一病症的死亡人數計算,冠心病位列榜首。該病是因脂肪積聚或血管組織老化、變硬及增厚,以致負責輸送血液往心臟的冠狀動脈內腔,變得狹窄或閉塞,血液不能如常被送到心臟而引起的,主要徵狀是心絞痛和心肌梗塞,其病發與個人生活習慣有着密切關係。

醫生建議,長者應培養良好生活習慣,凡事樂觀,不吸煙、多運動、進食低膽固醇含量食物、避免過胖及注意血壓勿偏高。長者若在運動時出現胸口翳痛、氣喘、容易頭暈、心律不正常或腳腫之情況,宜速往就醫,以作出詳盡檢查。

心臟病的誘發因素

- 愛吃肉類肥膏——肉類肥膏含飽和脂肪量高,長者進食過多會令血內膽固醇水平上升,阻塞心臟,影響血液循環,引發冠心病。長者應少吃肉,或選擇瘦肉、魚類。

- 對高脂食品不設防——加工肉類如臘肉、香腸,零食如雪糕、忌廉蛋糕等,這些食品均含「隱蔽」的高脂肪量,與肥肉、肥膏不相伯仲。

- 不知何謂低脂、脫脂食品——在選購食物時,沒有細心閱讀食物標籤,比較食物的脂肪含量,這也是不妥的。因此,在選購奶類食品如芝士、乳酪、雪糕及各式沙律時,應選購低脂及脫脂的食品。

- 喜用油煮食——如免不了要用油煮食,則建議不要用動物油,如豬油、牛油、雞油等含高膽固醇食油煮食,可選用不含膽固醇的植物油,如花

生油、粟米油。烹飪方法可多選用蒸、焗、烤、白灼等。

- 喜吃鹹而有味的食物——喜吃含鹽分高的食物，如鹹魚、鹹蛋、腐乳、蝦醬，這會增加長者患上高血壓、冠心病的機會。因此，為增加飯菜口味，長者可選用薑、葱、芫茜、花椒、八角、檸檬汁等作調味料。

- 不喜高纖飲食——不喜進食瓜、菜、豆類做的菜或以水果做的小食，甚至麥包、紅米等也拒絕食用。此類含高纖維的食物可降低血液中的膽固醇，有助減少患上冠心病的機會，若長者進食量不足，有機會影響健康。

步行可防心臟病

每天若能出外步行，是長者至佳的運動，對預防心臟病也大有裨益。

根據美國心臟學會一份研究報告，每天步行兩英里（約 3,200 公尺），能夠降低心臟病一半的發病率機會，若再增加半英里（800 公尺），則心臟病危險機會減少 15%。究其原因其實很簡單，因為有規則的步伐是有助降低壞的膽固醇，增加好的膽固醇，讓長者保持健康。

減少脂肪攝入

肥肉

油炸食品

臘肉香腸

食物不宜太鹹

腐乳

鹹蛋

鹹魚

蝦醬

菜

豆類

瓜

每天步行

多食高纖食物

⑪ 高膽固醇

　　資料顯示，有三成長者的血液中膽固醇水平偏高。另一項調查亦發現，香港 65 歲及以上的人士當中，有 16% 患有心臟病並需要長期接受治療。膽固醇水平過高，正是導致冠心病的一個重要因素。

高膽固醇的形成原因

- 有偏食習慣，未能保持均衡飲食。
- 常吃含高膽固醇食物，如蛋黃、內臟、魚卵、墨魚、魷魚等。
- 多吃含高飽和脂肪的食物，如肥肉、雞腳、罐頭肉類、牛油、椰油和老火骨湯等，因為食物中的飽和脂肪，使血液中的膽固醇水平上升。
- 烹調較少採用清蒸、白灼、煮、燜、燉等低油量煮食方法，而喜用煎炸等高油量煮食方法。
- 拒吃有助降低膽固醇食物，不願進食含高水溶性纖維素食物，包括水果（如蘋果、橙、柑等）、蔬菜（如甘筍、西蘭花、青豆、洋葱等）、乾豆（如黃豆、黑豆、腰豆）和五穀類（如燕麥等）。
- 少吃含異黃鹼素的食物，如黃豆、豆腐、豆腐乾等，亦不願進食黃豆及豆製品以代替肉類。
- 視運動為畏途，因此減少了血液中密度脂蛋白膽固醇的水平，以致血液中之脂蛋白膽固醇，未能對心臟血管作出保護，增加冠心病發生的機會。

⑫ 糖尿病

事實上，糖尿病患者由於血糖代謝失調，細胞吸收不到足夠營養，影響運動及感覺神經功能，容易引致足部感覺遲鈍、肌肉萎縮，因而增加足部潰瘍及組織壞死的問題。

提防「糖尿腳」

假若你是一個糖尿病患者時，當然是要遵照醫生處方服藥，以助控制病情，但你可能會沒有留意「腳下」的問題，因而忽略了足部潰爛的併發症，嚴重時更會導致「截肢」的惡果。糖尿病人的腳部潰壞，風險較正常人多出 20 倍，因此必須注意以下各點：

- 重視足部的清潔，遇有割傷、起泡、抓損或皮膚乾燥而破裂時，應妥善清潔及護理。
- 每日洗澡或洗腳後，腳部應擦乾；如受到細菌感染時，應細心塗抹藥物。
- 剪腳趾甲時，不應剪得過深，應留些薄邊。
- 注意足部的保暖，不要赤腳，也不要穿夾趾拖鞋，以防細菌感染。
- 靜下休息時，應注意坐姿；不要蹺「二郎腿」，因為這樣會使腿部神經線過分受壓，而影響血液循環。

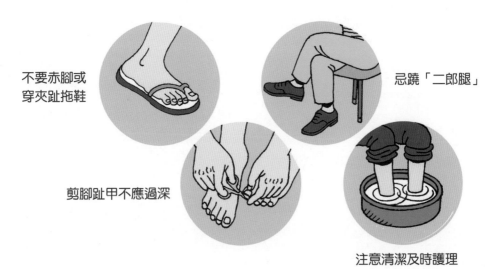

不要赤腳或穿夾趾拖鞋

忌蹺「二郎腿」

剪腳趾甲不應過深

注意清潔及時護理

⓭ 中風

飯後即睡易中風

很多長者以為食得是福，睡得也是福，故往往喜歡吃飽後，睡一睡以嘗勝過做「皇帝」的滋味！事實上，飯後即睡不但會妨礙腸胃消化能力，引來「食滯」的問題，又容易使長者發胖，而且還可能引發中風的惡果。醫學界人士指出，當人吃飽飯後，全身的血液多會集中於胃腸系統上，以助食物的消化。而長者若在這時上床睡覺，很容易使大腦局部供血不足，而引來中風。若長者的血壓偏低時，飯後血壓便會變得更低，更容易導致中風。

因此，長者須立刻戒掉飯後即睡的習慣，飯後宜稍作散步，以助促進血液循環和增強大腦的供血量，預防中風的突襲。

吸煙者易中風

研究發現，吸煙者患中風的危險性比常人高出 4 倍，而且吸煙越多，高危性也越大；主要原因是中風多由血管栓塞或發生血栓、腦溢血等引起。

據新西蘭奧克蘭大學研究顯示，他們於 1991 年選了所有 15 歲以上中風病人研究，並將 521 名中風病者與 1,851 名身體健康者作比較，以問卷調查並查詢他們的吸煙習慣，以及接觸二手煙的時間及年份，分析有關數據及比較後，發現與吸煙者一起居住或過去十年有一年以上與吸煙者共事的非吸煙者，患上中風的危險性比未與吸煙者為伍的要高出約 82%。

中風病人的護理

若家中的長者一旦中風，須長期臥床時，若缺乏貼心照顧，會引發諸多問題：身體長期受壓的部分受損，引來褥瘡、肌肉潰壞；關節因長期缺乏運動而變成僵硬、畸形；缺乏運動亦容易引來腸胃毛病，大小便出現問題……

為保長者健康，協助康復，除要請教醫護人員外，可參考以下照顧方法，以避免以上困擾。

- 睡床護欄——長者的睡床須有護欄，以防其從床上跌下；床墊不可太軟，以防脊骨變形；床頭最好可以調整高度，讓長者偶而可「坐」於床上。

- 躺臥姿勢——當長者平臥時，須讓其保持正確姿勢，頭及軀幹保持平直，在身旁兩側及膝下需各墊一個枕頭，以固定身形及承托足部之重量；同時要避免手腕及足踝下垂。

- 翻身——每隔 1 至 2 小時幫助長者翻身一次，並時刻查看其皮膚，尤其是在骨突出之部位檢查是否有發紅現象。

- 被動式運動——每天早、午及晚至少三次協助長者做一些被動式運動，如彎曲及伸直、外展與內收以及外轉與內轉等運動（注意做運動時動作與指示應同時配合）。鼓勵長者利用靈活的一側來帶動患肢，練習由仰臥轉成側臥的姿勢或翻身，並藉固定的支點幫助長者學習如何坐起來。

- 導尿——若長者下肢乏力時，護理人員必須及早學習導尿的知識，以幫助長者排尿；並且應請教醫護人員以幫助預防便秘的發生。

- 清潔——密切注意長者的皮膚清潔，勤加抹洗，保持皮膚乾爽。若有大小便失禁弄髒床單、衣褲時，要立刻更換，以避免引來褥瘡的惡果。

- 鼓勵——照顧長者的時候，必須經常鼓勵及稱讚他。若長者可自行處理時，應盡量讓他照顧自己，以避免產生依賴性。

⑭ 認知障礙症

認知障礙症是一種腦部多功能退化的疾患，患者除了記憶力轉差，思考功能如邏輯思維、語言運用及判斷能力等，均會出現倒退，繼而產生善忘、辨認困難或語言表達障礙等徵狀。

判定認知障礙症

- 持續失憶——善忘情況持續地超過多個月以上，也沒有改善的跡象；如開着爐火而忘記熄滅，出外經常忘記帶身份證、錢包、門匙等，剛用過膳後也忘記了，甚至連親人也感到非常陌生。
- 經常迷路——在熟悉的地方及街道迷路，在食肆如廁後，未能找回座位。
- 無以為繼——說話時，出現「隨講隨忘記」的情況、說話內容含糊不清，毫無條理，說話重複累贅而不感煩厭。
- 日夜顛倒——夜間不願睡，白天整天睡。
- 體溫失調——冷熱不分，不懂更換衣物。
- 無力自助——失去自顧能力，如進食、洗澡及穿衣，甚至大小便失禁。

情緒及思覺失調

隨着認知障礙症的日漸惡化，患者會容易有挫敗感，慢慢出現無助感，進而影響情緒，因而誘發大幅度的情緒波動，如持續焦慮或抑鬱等徵狀。

在照顧患上認知障礙症長者的日常生活中，須對以下患者出現的情緒及思覺失調等併發徵狀有所認識，除要多與主治患者的醫生溝通外，更要尋求社工的輔導。

以下是出現情緒及思覺失調時的表現：

- 患者變得多疑，常誤以為家人或別人加害他，自覺是針對的目標。
- 覺得常被人監視及竊聽，別人的關懷與照顧是偽裝，而且常覺財物被偷走，妄想自己被家人遺棄。
- 常覺共同生活數十載的老伴對他不忠、有婚外情，而且老伴可能在食物中下毒。
- 經常惶恐不安，妄想自己的言行被人知道，失去安全感，經常無故嚎哭，原因無法解釋。
- 經常嚷着要回家，指現居所並非他的家，而堅信是別人的居所，也妄想被他人禁錮。
- 常誤認別人是他逝去的親人，如誤認女兒是他逝去的母親。
- 經常訴說逝去的親人與他說話，或幻視他們常陪伴在他一旁，甚至出現「牛頭馬面」要召他們回去；或常對着空間與別人傾談。

照顧認知障礙症患者小錦囊

- 家居用品要安全——用膠布將家中的電掣包好，以防長者胡亂開關電掣。在爐灶處安裝保險掣，避免長者自行開火。每次用完水後，關閉水掣，並要保持地面乾燥。傢具銳角、邊角位應用棉墊包裹，以免割傷長者。利器及藥品等危險品要收妥。
- 避免長者自行外出——勿讓長者單獨留家中。為防長者自行出外，大門應裝上暗鎖。護老者應填上詳盡的長者個人資料，如姓名、所患疾病及緊急聯絡人電話的平安咭，一旦長者出走而迷路，旁人可聯繫長者家人。
- 勿變動家中擺設——勿輕言變動家中擺設，以防長者有陌生感，不適應家居生活。
- 加強長者時間觀念——經常提醒長者每日的日期和時間，家中應用大型的日曆及時鐘擺設，以免長者有迷失日期及時間的問題。

⑮ 骨關節疾病

骨質疏鬆宜增強鈣質

偏食肉類或即食食品、喜吃甜品、吃得太鹹，不知不覺攝入太多蛋白質，都有可能影響鈣質吸收或導致鈣質流失。因偏食肉類如牛排等，而未補充鈣，會引起尿液中鈣的流失。即食食品如即食麵所含的鈣量不高，對鈣的補充作用不大。甜食會影響鈣質的吸收；吃鹽過多會增加鈣的流失，加重骨質疏鬆症狀。攝入蛋白質過多亦會造成鈣的流失；女性每日需攝取 65 克蛋白質，若增加至每日攝取 98 克時，則每日會增加 26 克鈣流失。

專家指出，為補貼身體所需，長者應進食含鈣質豐富的食物，如奶類產品、芝士、乳酪、芝麻、沙甸魚、魚乾、豆腐等。

多食豆類

調查發現，香港人進食大豆的分量遠比醫學界建議的低得多，未能做到每天吃 100 克大豆製品或兩杯豆奶。事實上，經常進食大豆食品，長者患上骨質疏鬆症、多種癌症等病的機會相對會較低。

調查亦證實，由於香港人少吃大豆製品，男性血液所含膽固醇比高進食者高 6% 至 8%；而 1/3 的 50 歲或以上女性亦患有骨質疏鬆症的問題。

中文大學社區及家庭醫學系的教授指出，國際學者建議每天吸取 60 毫克只能於大豆中找到的「異黃酮」，即等於兩杯豆奶或 100 克豆類食品如豆腐。而異黃酮正是能減低多種癌症，尤其是乳癌及前列腺癌誘發機率的物質。專家亦指出，大豆中發現的蛋白已被證實可減少鈣質的流失，同時，還能降低腎臟負荷和血液膽固醇水平。

多做運動

據《美國醫學協會雜誌》一篇文章指出，長者要預防骨質疏鬆症，除每天依時服用鈣和幫助吸收鈣的維他命 D、曬太陽外，還要多做運動以增強骨質。撰寫此文章的科學家尼爾森說，負重活動和耐力鍛鍊可以幫助增強骨質，如散

每天兩杯豆奶減緩骨質疏鬆

多做運動

步、爬樓梯、跳舞、跑步、打羽毛球和網球等。婦女停經後每週進行兩次
40 分鐘耐力鍛鍊，堅持一年就可使骨質密度增加 1%。不運動的婦女的骨
質密度，則會降低 2% 到 2.5%。經常運動的人，骨質密度比不運動者高出
10%；而進行耐力活動的人，骨質密度更高出 30%。

腰背痛的誘發原因

　　腰背痛是長者日常生活走動的一大困擾，痛楚突然來襲，常使長者無
法進行正常的社交生活。

　　以下是容易誘發腰背痛的情況：

- 姿勢錯誤──經常忘記腰背必須保持正確弧度。坐着時，忘記背部
  要有足夠承托。

- 不當動作──隨意提起物件，而不注意應有的正確姿勢（如彎腰提
  物），更不願請求別人協助。

- 過分負重——為省時，經常一次攜帶過重的物件，而不願分數次完成。
- 彎腰——經常彎腰拾物及工作。
- 固定姿勢過久——在疲勞或痛楚出現之前，亦不願定時轉換姿勢，硬要自己保持「既定」的儀態。
- 突然動作——於打噴嚏或咳嗽前，忘記收腹並將手按腰背；或突然做出大動作或俯彎身體。
- 忽略收腹——在提起物件、彎腰或推拉時，忽略收腹之重要。
- 低頭——長期低頭工作，對頸部肌肉造成壓力，因而引發腰背肌肉的痛楚。

骨折病人慎防跌倒

跌倒所帶來的不免會有皮肉損傷，不過，皮破血流只屬小事，更令人擔心的是發生骨折，骨質疏鬆向來被認為是引發骨折的重要因素。預防骨質疏鬆、保持骨骼健康，的確能減少骨折的發生機率。但是，有骨質疏鬆症並不代表就一定會有骨折，而沒有骨質疏鬆症並不意味着完全不用擔心骨折。始終最關鍵的還是要慎防跌倒。

根據研究指出，跌倒和交通意外一樣，有一定的原因，主要可分為外在因素（如光線不足、地滑、地面不平、鞋滑等）和內在因素（即長者本身的問題）。內在因素最常見的是視力差、頭暈、平衡力差，以及因服藥帶來的副作用，如何應對這些危險因素十分重要。長者切勿忽視眼睛毛病，更不可吝嗇開燈，同時要鍛鍊「下盤」，例如習太極以改善平衡力。小心勿胡亂吃藥，有頭暈就要處理，切勿延誤！

此外，預防骨折要多運動、吸收適量的鈣質和維他命 D，即每天約喝一杯奶，或可吃豆腐、帶骨的小魚、蝦米和深綠色蔬菜等。

痛風患者的飲食禁忌

- 少飲酒——酒類中尤以紅酒為最，因紅酒內的某些物質會令尿酸增高，當超過某程度時，會令長者發生突發性痛風症。另一方面，飲酒過量可刺激腺嘌呤增加，使體內嘌呤代謝紊亂，氧解成為尿酸，帶來痛風症的痛楚。

- 不吃過鹹、過甜食物——避免痛風症的惡果，長者飲食必須盡量清淡為主。

- 多食鹼性食物——若長者少食鹼性食物，蔬菜方面如芹菜、茄子、白菜、青瓜、南瓜等；水果方面如梨、桃、杏等食物時，對防治痛風症有一定阻礙。

- 多飲水——很多長者可能因不願經常如廁，自行「制水」，這樣不但會引發尿道感染或發炎，更會導致尿酸石的形成。故長者應多飲水，每日飲約 2,000 毫升以上的水，以中和尿酸及利排尿，令體內尿酸減少，從而減少痛風的形成。

- 少吃動物內臟——如果長者長期進食一些含大量腺嘌呤的食物，如動物內臟（如腎、肝、腦等）及肉類，蔬菜如白蘿蔔、菇類及蘆笋等，以及煎炸高脂食物，均會有很大機會患上痛風症。

痛風患者多吃鹼性食物，有助防治痛風症。

⓰ 便秘與痔瘡

引發便秘的原因

　　醫學界人士指出，當糞便的量過少，既硬且乾不容易排出，或隔多天才有一次大便時，便是出現了便秘。患上便秘後，長者可能會出現頭痛、精神不振、痔瘡惡化、腹脹或腹痛等現象。以下是引發便秘的一些原因：

- 纖維素不足──少食高纖維素食物如蔬果，或喝水不足。
- 少運動──懶於運動，四肢不勤，導致大腸的蠕動作用不佳。
- 常用瀉藥──平時過分依賴輕瀉劑，沒養成正常大便的習慣。
- 緊張──精神過度緊張或過分沮喪。
- 衰弱──身體衰弱，腹部無力，大便積聚在腸內無法排出。
- 神經障礙──大便時自主神經障礙，導致排便困難，或因腦神經障礙不能感到便意，糞便就會積聚。
- 病變──腸道發生病變，如患有腸癌，令腸道阻塞，大便困難。

食物果皮可防便秘

　　醫學界人士指出，長者需多吃水果、蔬菜或含纖維多的植物性食品，而且最重要的是勿將這些食物的渣滓吐出或捨棄水果的果皮，因為水果的果皮及渣滓如蘋果、梨的皮，橙子裏面那層白色的純纖維的部分，皆含豐富的纖維。長者欲大便「暢通無阻」，每次吃蔬果時勿輕言吐渣和削皮。同時，可選吃下列高纖維蔬果，如木耳、金針菜、粟米、紅豆、綠豆、栗子、紅蘿蔔、番石榴（吃果肉不吃籽）、紅棗等。

排便不要過分用力

　　當長者勉強用力時，肛門的括約肌在乾硬的糞便擁擠下常會導致出血、撕裂，並且會有部分已經鬆垮的肌膚跑到肛門外面，形成初期的痔。因此，當長者患上便秘時，除應求醫診治外，應該多喝開水，多吃水果及蔬菜，多做運動，以增強體質及腸胃活動的能力。當然，養成按時大便的習慣是至為重要的。

痔瘡形成的原因

痔瘡是一種常見疾病，亦是長者普遍存在的一種疾患。患者可能因長期失血，引來貧血，或因痔瘡外露而令其血管栓塞，引來劇烈痛楚。以下是可能成因：

- 排便壞習慣——便急也不願如廁，或如廁時分神閱讀書刊。
- 少吃纖維食物——不喜進食高纖維及高水分食物，喜吃油炸、刺激、辛辣食物。
- 四肢不勤——平日懶做運動，導致腸道也懶於蠕動。
- 飲酒過量——對痔瘡初患者來說，因酒精會鬆弛血管壁，使過多血液輸入肛門靜脈，結果是痔瘡出現瘀血而惡化。
- 誤用成藥——若一時「怕羞」向醫生求診，切勿亂服食成藥，如瀉藥或甘油條，結果可能更影響排便，令痔瘡更惡化。

健康習慣小錦囊

- 多吃高纖維的食物，每天要吃 6 兩或以上蔬菜，兩份水果。
- 飲用充足的流質水分，如開水、清湯、果汁。
- 培養運動習慣，如步行或耍太極。
- 保持心情開朗與輕鬆。
- 作息定時，養成每日按時如廁的習慣。
- 早上先喝水，可增加便意。
- 購買「利便」的成藥，但必須諮詢醫生意見。
- 若大便性狀有所改變，或便中有血或黏液時，須儘早求診。

⓱ 肥胖

長者普遍存在「發福」的現象，肥胖引來脂肪積聚、血壓上升、心血管疾患、冠心病、腎臟毛病、關節痛楚等諸多問題，這些問題常令長者痛苦不堪。因此，適當減肥可防止高血壓、心臟病等慢性疾病侵襲，是長者維持健康的至佳方法。

健康減肥方法

長者只要注意均衡飲食，多吃高纖維的蔬菜、水果、五穀類食品，適量進食肉類，避免吃過多高脂肪及高糖分的食物，同時配合運動，可有效地將身體的熱能消耗，起到減肥的效果。具體要求如下：

- 訂立目標，不中途放棄——若長者發現自己的體重超過理想體重時，應以理想體重為減肥目標，努力出擊。減肥並非一時性的，應視之為長遠的計劃，長期堅持。
- 改變生活方式——若長者依然保持增肥時的飲食與作息，如照常吃宵夜、嗜甜食或煎炸食物，那麼減肥也只是空叫口號罷了。
- 堅持運動——長者可選擇帶氧運動，如游泳、緩步跑、柔軟體操，以每星期最少三次，每次 30 分鐘的理想做運動。
- 定時檢查進度——長者應每星期量度體重兩次，並加以記錄，便於每月作出評估，調校減肥的步驟。
- 不盲目節食——過分節食，每天吸收過低的卡路里，可能導致維他命缺乏，礦物質的攝入和水分吸收不足，從而損害身體。
- 自我獎勵——若達到減肥目標時，不妨獎勵自己，以作鼓勵。惟勿大吃大喝，最好送一份自己心愛的禮物，以示慶祝。

不濫服減肥藥

胡亂購買、服用減肥藥，容易引來後遺症，嚴重者更會致人死亡。據藥劑師指出，減肥藥主要分兩大類，其一含甲基纖維素，長者服食時要加上適量水

分，以令胃部產生脹滿感，減低食慾。該類纖維素倘缺少水分，會引起腸道阻塞。另一種引起較多副作用的減肥藥則含安菲他命類成分，主要作用是刺激中樞神經、壓抑食慾，長者服用後會導致肚瀉、腸胃不適、口乾、頭暈、頭痛、心律不正常、幻覺、情緒不定、肌肉抽搐及高血壓等副作用。倘含氟本分胺成分時，其副作用則會更嚴重，如心瓣不正常、心跳加速、肺動脈血壓高等後遺症，甚至死亡。

故長者若要預防疾患侵襲，並保持體態輕盈及自然美，應該遵循醫生的指示，盡可能利用運動及節制飲食來減肥，這樣既保健康又可防疾患，是一舉雙得的好方法。

⑱ 失眠

失眠確實令人苦惱，因為不僅影響翌日的正常生活，令人精神不振，長此以往還會破壞身體的健康，年邁體衰的長者更是如此。長者一旦失眠，總是急於尋找藥物或食療處方，希望早日告別失眠，安心睡眠。然而，治療失眠，不能僅僅依賴於藥物，還應該仔細探尋引發失眠的原因。如果失眠並不是偶爾發生，而是經常性的長期處於「不眠」狀態時，則應就醫求治。

保持情緒穩定

當長者不能入睡時，宜保持情緒安靜，切勿急躁以致更不能入睡。長者必須將全身肌肉放鬆，不妨嘗試看看書或聽聽音樂，待有睡意了，再嘗試上床睡。若此不能奏效，長者可做些靜態的柔軟運動或靜坐，直到再次眼睏了為止。

當長者內心有煩惱時，應找人傾吐，務必將心結解開。同時，可選擇多參加社交活動，開闊社交圈子，使心靈更為舒暢、輕鬆，如此可安心入睡。

習慣定時作息

很多時，由於晚上長者遲遲不能入睡，故在翌日可能懶在床上不起，

繼續睡至中午為止。此實在會打亂長者的睡眠習慣，更加影響晚上不能入睡。因此，無論長者有多倦，每天早晨都應定點起床，以使自己可於固定時間喚起「睡眠鐘」。同時，長者日間亦不宜補睡太久，以免「睡足」後，致晚上不能「進入」夢鄉。

當然，長者睡眠時，宜隔離噪音，並將睡房溫度作出調節，務使長者擁有一個適合睡眠的環境。

睡眠不要太長

很多長者認為「睡得是福」，故他們的睡眠時間往往比較長，很多都會超過 10 小時。

根據研究顯示，一個人睡眠時間太長，其心臟的功能可能隨之降低，血液的流通能力會受阻，血管壁道亦會逐漸加厚並硬化起來，從而導致血管通道變窄，其表徵可能令長者出現缺氧現象，整天失去神采，長期來說極有可能患上心臟病。

如果長者缺乏運動，飲食上又太過肥甘厚味的話，睡眠時間太長很容易引發心絞痛。

驅除失眠

你有失眠的困擾嗎？以下的方法可以協助失眠者，作出安眠入睡的竅門，驅除失眠的各種困擾。

培養生理時鐘	每晚定時上床睡覺及起床，以培養並訓練自己在晚上休息的正常習慣，以及依時起床，千萬別懶床。
持續運動	每天持之以恆作出至少 30 分鐘運動，若睡前 2 小時前做些輕微的體力勞動，有助睡眠。
別懶在床	失眠時，千萬別總是躺在床上，可以起床做靜坐、聽聽輕音樂，以鬆弛神經、看點感無聊或厭倦的書，讓眼睛澀了就睡覺。

穩定情緒	勿因失眠而大發脾氣、令情緒波動,同時千萬別看着時鐘睡覺,以令自己更緊張。
要有安睡環境	睡床要舒適,勿太軟或太硬,睡房光線要暗、要安靜及遠離噪音、氣溫要通爽及溫度要適中。
戒食刺激食品	勿抽煙及食用咖啡因、酒精類的飲料及食品,尤以晚飯後更要杜絕。當然,睡前數小時勿吃得太飽,惟可以略吃點零食或喝杯熱奶,是能有助入睡的。
白天勿打盹	勿白天睡上數小時,而午睡時間只可以半小時為限。
培養睡眠情緒	睡前可做一些輕鬆的事,如寫書法、看書、洗個溫水浴或洗洗腳,讓身體感到睡意,以助安睡。

⓲ 中暑

　　當人處在酷熱的環境中,體溫上升,身體自然會作出一些生理調節來降低體溫,如增加排汗和呼吸次數。可是,長者的生理調節往往不能有效地控制體溫,很容易發生熱衰竭或中暑等情況,如頭暈、頭痛、噁心、氣促及神志不清等。若體溫升至攝氏 41 度或以上時,更會出現全身痙攣或昏迷等危及生命的症狀。

　　要預防中暑,以下的措施不可少:

- 做好降溫——如氣溫過高,護老者宜讓長者停留在空氣流通的房間或有空調的房間休息,或以冷水浴讓長者降低體溫。在沐浴水中加數片檸檬,可令長者倍感暑氣全消及添上一身清爽香氣。當然,若護老者發覺長者身體不適,如頭暈、呼吸急速、發熱或脈搏急速時,宜立即延醫治理,以防意外發生,影響健康。

- 補充水分——長者在炎夏時大量流汗,要吸收較多水分是理所當然的事,但若然讓長者大量飲用白開水,反而不能補充其鹽分的消耗,使其身體更易疲倦和虛弱,故可予長者飲用純果汁或檸檬水,解渴效果會較佳。夏天時長者食慾不振是平常事,護老者勿感不安。總

之，勿烹調太肥膩的食物，勿給補品或太濃的食物予長者享用，宜預備清爽、清淡及易消化的菜為佳。事實上，只要能保持每日三餐定時定量進食，在融洽關懷的氣氛下，也很容易促進長者的食慾。

- 寬鬆、淺色衣物——鼓勵長者多穿着輕便、鬆身及顏色淺白的衣服，可助其身體熱量容易散發。為避免其在露天下曝曬，需帶備太陽傘，不但遮陰之餘亦可擋雨。大汗淋漓時，給長者毛巾或手帕抹汗，或預備簡單替換衣服。出入冷氣間時，需攜備外套以防長者着涼。

- 防病發作——當家中的長者患有一些慢性疾患（如心臟病、支氣管疾病）時，護老者應加倍留意，以防高溫促成這些病的發作，或因中暑而出現的併發症。事實上，長者出現中暑症狀的情況會較慢，其症狀可以在溫度不太高的情況下也會出現，故護老者應留意長者於炎夏時的體溫改變（長者正常的體溫為攝氏 37 度），及尋求長者主診醫生的護理意見。

抗暑小錦囊

- 空氣要流通——在室內盡量打開窗戶，利用風扇或空氣調節以保持空氣流通及通爽涼快。

- 避開濕鬱悶——避免在濕熱及焗悶的環境下進行劇烈運動，應選擇室內通風及乾爽的場所進行。

- 穿淺色衣物——長者若要外出，宜穿着淺色、寬鬆和通爽的衣物，戴上闊邊帽子或撐傘以阻擋陽光直射及幫助散熱。所穿衣物需選棉質吸汗的衣物，勿穿膠質及不透風的衣物。

- 須補充水分——無論外出或室內，長者應常備飲水，以補充足夠水分，以防脫水。為避免大量失去水分，長者不應喝含咖啡因的飲料（如茶或咖啡）和酒類等利尿飲品。

- 適當運動量——一切戶外活動宜於早上或黃昏後進行，大熱天更不應作長程的遠足或登山等活動。

- 應隨時求診——若長者有任何不適，應立即向醫生求診。

⑳ 流感

　　流感（流行性感冒）於冬季流行，若長者體弱或抵抗力較弱時，很容易患上流感，從而發生持續發燒、疲倦、頭痛、肌力疼痛、流鼻水、咳嗽及喉嚨痛等。

預防流感的方法

- 勤做適體及適量的運動，以增強個人體質。
- 戒除吸煙習慣，使呼吸道更健康。
- 保持空氣流通，以確保空氣清新。
- 保持心情開朗，笑口常開。
- 生活起居要有序，有充足的休息和睡眠。
- 戒除不良生活習慣，培養及維持良好的個人及環境衞生。
- 適量飲水、保持飲食均衡，增強體質。
- 長者打噴嚏或咳嗽時應掩住口鼻，並妥善清理口鼻的分泌物。手部接觸呼吸系統分泌物後，長者應立刻洗手。
- 在流感高峰期，長者不宜前往人多擠迫、空氣流通欠佳的戲院、商場及酒樓食肆等「高危地點」。
- 若長者患有慢性心臟病及呼吸道疾病時，宜在流感季節前，接受注射預防針。

附錄一

巧用電腦及手機　即時獲取生活資訊

吳志庭、鍾卓熹、施洧然、郭煦楠
派護團隊

　　資訊發達的年代，長者與時並進，學習透過電腦及智能手機應用，認識及瞭解社區不同的資源及訊息，如政府、非牟利組織及社會企業等對長者的身心支援。至於長者關心的醫療保健、護理及居家安老等資訊，也可透過網上訊息而獲取最新資料。

　　此外，智能手機的應用也非常廣泛，市場上實用的 APP 可提升長者個人及生活素質，令生活增添色彩。接下來，一齊認識對長者實用的網絡資訊，讓長者好好的慢老。

1. 福利及社區資源

長者咭

　　提供政府部門、公共運輸機構及商舖的優惠、折扣和優先服務等，最為人認識的是車船半價優惠。此外，有部分旅行社提供的長者團費折扣、海洋公園免費入場、香港濕地公園半價優惠等。

大銀 Big Silver

　　大銀 Big Silver 是一間慈善機構，關注人口高齡化，推動年齡友善社區，支援長者及照顧者。團隊人員包括資深記者及註冊社工，定期在網上更新不同內容、直播等。

賽馬會樂齡同行計劃

香港「賽馬會樂齡同行計劃」以社區為本服務模式，及早識別、介入及預防長者抑鬱的問題。

2. 健康及護理

醫院及門診資料

醫院管理局在網站列出各醫院及門診的資料，如地址、聯絡方法、開放時間等，讓長者可輕易搜尋資訊。

社會福利署安老服務

社會福利署提供一連串的支援服務，包括資助長期護理服務中央輪候冊，為長者輪候及編配受資助的長期護理服務等，以及提供全面性服務及社區資源，如家務助理服務、日間護理中心等。

長者社區照顧服務券試驗計劃

在社署安老服務統一評估機制下，被評定為身體機能中度或嚴重缺損，合資格的長者因應個人需要，可使用此計劃選擇合適的社區照顧服務。

居家安老

2020 年 7 月開始營運的「派護」是提供居家安老服務的社企，為長者提供全方位居家安老的服務，包括陪診、家居照護、家居清潔、復康、中醫護理等。在 App 上點擊即可配對私人看護、陪診員、護士等。

認識藥物資訊

Drug Care 是一個主要由藥劑師組成的義務工作隊，致力提供藥物教育講座及活動、個別藥物諮詢、到户藥療輔導，以及藥餘回收、依法銷毀，免藥物隨意棄置污染地球。

3. 醫管局 HA Go 及其他 App 應用程式

HA Go

醫院管理局（醫管局）推出應用程式「HA Go」，病人可查閱個人預約紀錄、支付醫院賬單、預約專科新症、查閱藥物資料或按照處方進行復康練習。病人更可透過「HA Go」下載其他醫管局手機應用程式。

家居防跌錦囊

提供專家意見，讓長者及公眾認識家居摔跌陷阱的成因，減低受傷機會。

髖健通

提供髖關節骨折護理的相關資訊，物理治療師設定訓練提示，病人根據提示通告完成復康運動，並將記錄儲存在程式的運動日誌，物理治療師能清楚知道病人的訓練情況。

糖訊通

提供糖尿病護理資訊、影片及血糖記錄功能。長者設定量度血糖、用藥及覆診提示，協助患者管理及監察糖尿病。

4. 日常生活及運動

提醒食藥

要提醒長者準時吃藥，有不同的 App 可幫到忙，如「吃藥吧」及「服藥提示器 My Therapy」，設定服藥的鬧鐘功能，可以不費神的按時吃藥。

防走失定位追蹤

智能手機可當作實時位置追蹤器；如長者及家人使用 Apple 手機，可使用「尋找 iPhone APP」，家人可以隨時知道長者的位置。此外，Google Maps 和 Zenly 也有類似的功能。

運動及步行方式

Iphone 的「健康」App 及 Google 的「Google Health」，可自動記錄每日的步行量、距離及睡眠時間等，更可為身體進行測量等。

此外，康樂及文化事務署（康文署）推出「健步行」智能手機應用程式推廣健步行運動，瀏覽 33 條步行徑資料，記錄步行數據及使用多個身體計算工具。

如何避免手機騙案？

手機可帶給長者不同的資訊、消閒及娛樂，建立更美好的銀髮生活；但有不法之徒卻利用手機欺騙長者，以下是常見的騙案情況。

以恐嚇情況提供金錢

騙徒會以家人為出發點，訛稱欠債或被禁錮等，要求代為還債。長者先不要慌張，應聯絡家人了解是否真有其事，更可向執法部門求助處理。

查問手機驗證碼

騙徒假冒是朋友，在 WhatsApp 傳遞訊息，要求提供手機驗證碼。事實上，是利用此驗證碼購買點數卡套現。

冒認機關或部門人員

騙徒會冒認如稅務局、民政局、入境處等，透過優惠或欠交款項等，獲取個人資料。長者必須再三確認，向家人和執法部門求助。

除了時刻留意騙徒的手法外，在智能手機下載電話過濾程式，如「Whoscall」及「小熊來電」等，協助過濾可疑的電話號碼，免招損失。

附錄二

網上娛樂社交　讓晚年生活多姿多采

吳志庭

派護創辦人

「應該開始學習使用電腦或智能手機嗎？」或許這是很多老友記的心聲。長者懂得運用電腦進行社交或娛樂，可為生活帶點不一樣的趣味。以下我們介紹幾個不同的範疇，讓你體驗上網的樂趣。

1. 消閒娛樂

煲劇、電影之選

「Youtube」是全球最大的視頻分享及觀看平台。由於平台是免費及使用方便，可透過拍片來分享生活、記錄事情、新聞和小知識等。退休後多了時間發展不同的興趣，教學短片如運動教學或社區舞等，都可以透過網上觀看學習。

「愛奇藝」是國內電視劇集或綜藝節目平台，同類型的平台包括騰訊視頻、優酷等。「Netflix」是國外最大的電視劇集及綜藝節目平台，其他選擇包括HBO。

2. 社交及資訊

社交

「Facebook」的資訊包羅萬有，搜尋有興趣的專頁及追蹤，就可看到專頁更新的資訊。Facebook 更是交流及分享生活的平台。你可增加認識的朋友及親戚，在平台分享日常生活事，或加入興趣群組，如香港行山、太極運動、攝影等，擴闊社交圈子。

「Whatsapp」為香港人最常用的通訊軟件，可跟親友以文字、語音及視像方式對話，操作容易，適合長者使用。

「Skype」則較多與國外親友聯絡，透過視像方式聯繫。「微信」是國內最大的通訊軟件，可聯絡國內親友。

新聞資訊

現時不少報章推出新聞 App，方便用戶獲取即時消息及查看過去新聞，甚至有 24 小時直播，包括《香港 01》、Now 新聞、無綫新聞、有線新聞、東網等。

3. 生活及興趣

烹飪

很多老友記喜歡給子女及孫兒下廚，除了觀看煮食節目或食譜書，也可在烹飪分享平台觀看網上烹飪片段，邊學邊煮。

購物

如果不方便外出購買日常用品或食材，可選擇網上購物，更有專人送到你家。最近推出專為長者而設的「HKTVmall 簡易版」App，以鮮艷的顏色、較大字體方便老友記使用。

4. 進修學習

現時，很多大學或教授利用 MOOC（Massive Online Open Course）大規模開放線上課堂的模式，製作課程於網上教學。這些教學既有翻譯，亦可以重溫，更有開放論壇供學員問答及討論，可瀏覽世界頂級學府如史丹福大學及麻省理工大學的課程。進修學習平台包括 Edx、Coursera 及 Udacity 等。Udemy 則是由個人或小團隊整作的課程，如攝影教學及設計等。國內的進修平台可參考中國大學 MOOC 及「得到」知識服務 App。

電腦及手機為生活帶來不少方便，長者可查問家人、到日間中心或教學班學習使用電腦、智能手機。不妨嘗試踏出第一步，或許沒想像中困難，還可以發掘新的趣味與世界！

後 記

老後無助者的「最終需要」

香港已發展成為一個全世界最長壽的地方，是一個該屬全民欣喜的事嗎？

面對人口老化，無論貧與富，孤老及二老廝守，他們並無子女或子女不在香港居住的數目也逐漸日增；加上在香港推行「家居安老」政策，很多長者均在社區終老，部分可能會無奈在院舍養老，惟他們是否僅止於食、住、護理需要呢？

希望有關方面創設一個社會服務的新工種，如「家庭醫生」般，統籌長者生活、健康、護理、居住及其意願等需要的「全人生照顧」工作，提供「生活管家／代理人」服務，以跟進垂垂老矣、不能自顧及處理個人事務的病、殘長者需要。這工作尤如長者的保姆，貼身跟進他們的需要，簡單如代找醫生、跟進其求診、覆診、吃藥等事宜（我倡議開辦的「長者安居服務協會」也是其中意思）、財務管理、家居事務（如轉季的衣著床被轉換及清潔，除日常居家執整，甚至改裝家居如安裝照明、扶手等），以應老化需要的活動及生活所需。

除此之外，甚至執行其於病危時「搶救」與「不搶救」的預設醫療指示、臨終照顧計劃、逝去殯葬安排的事情；除遺囑、遺體及遺物的處理外，也包括通知親友、繼續照顧其老伴、弱智或弱能子女、孫兒或寵物（我開創的「後顧無憂規劃服務」令長者生前規劃其身後事的安排正是此意）。

坊間常有新聞報道弱老自殺及殺害老伴的悲劇，原因多是他們感到缺乏支援，身心難忍苦難之煎熬；自感無從尋找及無力掌握或運用社會資源、照顧身旁老伴，眼看其苦痛不斷，而無能作出妥善照顧；亦恐身故後，痛心老伴缺照料，而呆活等待死亡，倒不如達成年輕時對愛侶愛的誓言：「但願同月同日死」。

　　老而高齡是喜賀，惟長壽是否等於健康呢？有着壽齡而被疾患蹂躪，此是否幸福？「孤家寡人」是無奈，而「白頭偕老」也是哀。壽而不康，無論貧與富之老者，在此只屬「年青人的世界」裏，昨日的年青人，現是否該要活在「老年人煉獄」的社會呢？

　　坊間有個案跟進服務，但服務會否如此包含人的需要呢？若只是如輔導有情緒問題的個案般，社工只關注其情緒問題的處理，對長者其他需要，那就非稱為「為人處理、解決問題、滿足需要」的社工的職責了？在全人照顧工作的理想上，及在「以人為本」口號上，實有很大「滯後的問題」！

　　我認為社會該有責，為仍生存而失去自理自顧的弱殘者，令他們重新感受有其「自宰」的能力、人間有溫暖，而不是任由擺佈的廢物般鬱鬱而逝；「生活管家／代理人」服務，該有推出之急切需要，期盼此已臻全球老齡首位的香港社會，可探討此人類基本生存的「最終需要」，締造真正屬於由幼至老的「全人關顧社會」，而不是因人口老化而遺棄了「垂老病殘的過去主人翁」，帶來涼薄無情的社會悲哀。

樂齡 居家安老
衣食住行生活護理錦囊

作者
陳炳麟

責任編輯
簡詠怡、譚麗琴

圖片提供（部分）
Freepik

美術設計
李嘉怡

排版
辛紅梅

出版者
萬里機構出版有限公司
香港北角英皇道499號北角工業大廈20樓
電話：2564 7511
傳真：2565 5539
電郵：info@wanlibk.com
網址：http://www.wanlibk.com
　　　http://www.facebook.com/wanlibk

發行者
香港聯合書刊物流有限公司
香港新界大埔汀麗路36號
中華商務印刷大廈3字樓
電話：2150 2100
傳真：2407 3062
電郵：info@suplogistics.com.hk

承印者
美雅印刷製本有限公司

出版日期
二〇二〇年五月第一次印刷

規格
特16開（240mm×170mm）